GW01606393

MARCEL REICH-RANICKI

EIN JÜNGLING LIEBT EIN MÄDCHEN

Deutsche Gedichte und ihre Interpretationen

Insel Verlag

Quellenhinweise am Schluß des Bandes
Satz: Hümmer GmbH, Waldbüttelbrunn
Druck: Clausen & Bosse, Leck
Printed in Germany
Erste Auflage 2001

2 3 4 5 6 – 06 05 04 03 02 01

Christa Schulze-Rohr
in Herzlichkeit zugeeignet

INHALT

VORBEMERKUNGEN UND BEKENNTNISSE

Die in diesem Buch gesammelten Gedichte – was haben sie eigentlich miteinander gemein? Zunächst einmal: Ich habe sie alle in der »Frankfurter Anthologie«, die seit 1974 in der »Frankfurter Allgemeinen« erscheint, interpretiert. Und es sind im Sinne der Regeln dieser »Anthologie« ausschließlich deutschsprachige Gedichte. Gewiß, und was weiter? Unter Brüdern, die schlichte Antwort muß lauten: Nichts, gar nichts haben sie miteinander gemein. Also eine ganz und gar zufällige Auswahl? Nein, das nun wiederum auch nicht.

Es sind sehr unterschiedliche Gedichte, doch verbindet sie ein Umstand, zu dem ich mich offen bekenne: Allesamt sind sie mir irgendwann aufgefallen, meist vor vielen, sehr vielen Jahren. Aber ich habe diese Gedichte nie vergessen, mehr noch, was mir einst aufgefallen ist, hat nicht aufgehört mir zu gefallen, was mich einst erregt, wenn nicht gar beglückt hat, schätze ich nach wie vor – und einige von diesen Gedichten liebe ich. Nur das ist es, was sie miteinander gemein haben.

Mein Interesse, ja meine Schwäche für die Poesie machten sich schon sehr bald bemerkbar. Als ich noch ein Kind war, nahm eine ganz bestimmte dichterische Gattung meine Aufmerksamkeit stark in Anspruch – nicht etwa das Lied, sondern die Ballade. Die Geschichten, die

Balladenautoren erzählten, hatten es mir sofort angetan. Goethe und Heine waren unter ihnen vorerst nicht, vielmehr (ich kann das nicht verheimlichen) Ludwig Uhland und natürlich unser Schiller (und da geniere ich mich überhaupt nicht). Allerdings hatte ich für die furchtbar lange »Glocke« nicht viel übrig und für den allzu pathetischen »Handschuh« ebenfalls nicht, wohl aber für den »Ring des Polykrates«. Und die herrlichen, die unübertrefflichen »Kraniche des Ibykus« gingen mich schon des Themas wegen (Die Schaubühne als eine moralische Anstalt betrachtet!) besonders an.

Auch zu Goethe führte mein Weg zunächst (wenn man vom »Faust« absieht, den ich viel zu früh gelesen habe) über die Ballade. Das hatte mit dem Deutschunterricht zu tun, der in unserer Berliner Schule alles in allem sehr gut war. Ich verdankte ihm Empfehlungen und Anregungen, deren Folgen oft von langer Dauer waren. Übrigens wurde uns Schiller ungleich besser vorgestellt als Goethe. Aber das lag wohl nicht an den Lehrern, sondern hatte eher mit der Eigenart dieser beiden Poeten zu tun. Noch war damals, in der ersten Hälfte des zwanzigsten Jahrhunderts, der Dichter der Jugend Schiller und keineswegs Goethe.

Gerade die beliebtesten Balladen Goethes, »Der Zauberlehrling« und der bieder-pädagogische »Schatzgräber«, interessierten mich überhaupt nicht – und den »Erlkönig« kann ich auch heute nur mit Schubert ertragen. Zufrieden hingegen war ich mit dem »Sänger«, ohne freilich mit dessen Verzicht auf das ihm angebotene Honorar (»Das Lied, das aus der Kehle dringt, ist Lohn, der reichlich lohnet«) einverstanden zu sein. Entzückt hat mich »Der Fischer«, obwohl ich zur Zeit der Pubertät von der nachdrücklichen Warnung vor einem »feuchten Weib« nichts hören wollte.

Balladen, Novellen und Dramen – das war der Stoff, den der Deutschunterricht an preußischen Gymnasien wirkungsvoll vermitteln konnte. Um Romane mußte man sich schon selber kümmern und um die Lyrik (in des Begriffs eigentlicher und strenger Bedeutung) gleichfalls. Selbstverständlich haben die Lehrer nicht gewagt, sie zu ignorieren. Aber sie waren nicht imstande, sie einigermaßen einleuchtend zu interpretieren. Das soll heißen: Sie vermochten nicht, uns zu erklären, warum ein gutes und schönes Gedicht gut und schön sei. So gelang es ihnen eher, unsere Liebe zu den Stücken von Schiller oder Kleist zu wecken, als uns für die Verse Hölderlins oder Mörikes zu begeistern.

Zu Goethes Lyrik hat mich das Theater gebracht. Mit einer »Egmont«-Aufführung, es war 1935, fing es an, genauer, mit Klärchens Lied »Freudvoll und leidvoll«. Daß gerade von diesem Lied, einem der Wunder der deutschen Poesie, Anthologien damals wie heute nichts wissen wollten und wollen, sei nur am Rande erwähnt.

Warum wurde ein Halbwüchsiger, der keine Ahnung hatte, was Liebe ist, geradezu betört von einem lapidaren Gedicht, das mit den Worten endet »Glücklich allein / Ist die Seele, die liebt«? Ich weiß es nicht. Es dürfte mit einer Sehnsucht, einer unterschwelligen, zu tun gehabt haben. Wenn ich mich recht entsinne, benötigte ich in jenen Jahren immer dringender die erotischen Verse, ich war auf sie buchstäblich erpicht. Und ich bin ihr treu geblieben, natürlich. Mindestens die Hälfte der Gedichte in diesem Band sind der Liebe gewidmet – von dem ersten Genie der deutschen Literatur, jenem Autor, der mir unter allen Dichtern des Mittelalters nach wie vor am nächsten steht, von Walther von der Vogelweide also, bis zu einem unserer Zeitgenossen, dessen Lyrik doch ein wenig unterschätzt wird: bis zu Günter Kunert.

Man hat mich gelegentlich gefragt, warum ich mich als Kritiker unentwegt mit der Liebe in der Literatur beschäftige. Wenn dies eine Sünde sei, dann möge man sie – habe ich oft geantwortet – nicht mir anlasten, sondern den deutschen Lyrikern und auch den Romanciers. Bei Goethe und bei Heine suchte ich Liebesgedichte und wurde von beiden, von jedem auf seine Art, überwältigt. Ich fand die erotischen Motive in Shakespeares Dramen und in den Romanen der großen Russen und in vielen anderen literarischen Werken. Und von ihnen allen lernte ich.

Als Schubert seinen Freunden eine neue Komposition vorgespielt hatte, meinten sie, offenbar etwas vorwurfsvoll, das sei doch eine sehr traurige Musik. Angeblich hat er geantwortet: »Gibt es eine andere?« Sollte dies auch für die erotische Lyrik gelten? Nein, nicht ganz. Denn wir alle können ohne Mühe einige Gedichte von Goethe nennen, dem jungen zumal, und auch solche von Heine, auf die Schuberts rhetorische Frage mit Sicherheit nicht zutrifft. Aber wir wissen auch, daß die meisten Erotiker die Moll-Töne bevorzugen.

Ich lernte von Goethe, daß Lieben immer »Langen / Und Bangen / In schwebender Pein« bedeutet. Überrascht las ich sein Geständnis: »Es geht mir schlecht, denn ich bin weder verliebt noch ist jemand in mich verliebt.« Ich erkannte mich in Heines Klagen über das Los jener, die allein und einsam bleiben, die sich isoliert oder ausgegrenzt fühlen. Wie ein Blitz trafen mich die Verse, die so berühmten und populären, die mir gleichwohl noch unbekannt waren: »Es ist eine alte Geschichte, / Doch bleibt sie immer neu« – und so weiter.

In Klabunds »Literaturgeschichte«, einem äußerst geistreichen Buch, das freilich nicht eine richtige Literaturgeschichte ist, fielen mir einige flüchtige Sätze über die Barockdichter auf – und ich begann, sie zu bewundern. Von Hofmann von Hoffmannswaldau ließ ich mich aufklären, daß die Liebe stets »voller Angst und Wolken« sei. Von Paul Fleming erfuhr ich, daß Liebe meist mit Selbstbestätigung zu tun hat und daher auch mit der Angst des Liebenden, er könnte, sollte er unversehens verlassen werden und allein bleiben, seine Identität einbüßen.

Bald machte sich in jenen frühen Jahren noch eine andere thematische Vorliebe bemerkbar, ein Urerlebnis, das nie verblaßte. Wann und woran erkennt ein Mensch zum ersten Mal, daß das Leben vergänglich ist? Schon in der Jugend? Meist doch wohl später, viel später – sollte man meinen. Aber es stimmt nicht immer.

Mir jedenfalls wurde diese simple Einsicht erschreckend schnell zuteil. Richtiger: Ich wurde mit ihr geschlagen – und das hing sicherlich auch mit den, um es vorsichtig auszudrücken, Zeitumständen zusammen. Es klingt, ich weiß das genau, komisch und lächerlich: Als ich von der Obertertia in die Untersekunda (so hießen die Klassen damals) versetzt wurde, überfiel mich plötzlich, ich glaube, es war während eines Spaziergangs irgendwo im Grunewald, der schlichte Gedanke, daß ich nie wieder Tertianer sein würde. Das war nun also vorbei, endgültig vorbei.

Bedauert habe ich das nicht im geringsten, im Gegenteil, ich war darüber, wie jeder andere Schüler, froh und glücklich. Ich kam ja voran. Aber mit einem Mal ahnte ich, daß, wie der junge Hofmannsthal sagt, »alles gleitet und vorüberrinnt«. Der Anflug von Angst und Ratlosigkeit wurde von Jahr zu Jahr deutlicher. Gewiß, ich konnte diese Anwandlungen von Furcht und Trauer mit viel Arbeit, mit etwas Musik und, vor allem, mit viel Literatur überwinden. Doch ganz verdrängen ließen sie sich nicht. Am bittersten wurden sie in Gesellschaft, dann, wenn alle aufgeräumt und ausgelassen waren und womöglich auch noch fröhlich tanzten. Da war ich oft dabei und doch nicht mit von der Partie, leider. Ich fühlte mich nahezu ausgestoßen. Denn das Tanzen

konnte ich nie erlernen, obwohl einige Frauen sich redlich Mühe gaben.
Wann bestürzte mich in einem literarischen Text zum ersten Mal das Motiv der Vergänglichkeit, wann erlag ich dem von ihm ausgehenden, etwas unheimlichen Zauber? Als ich Storms Novelle »Immensee« las und mich das Lied des Mädchens mit den zigeunerhaften Zügen schaudern ließ? Oder als ich, in einem Hebbel-Band blätternd, das kleine Gedicht fand, das mit den Worten beginnt: »Wenn die Rosen ewig blühten …«?
Zwei kurze Gedichte, von denen das eine seit über hundert Jahren in keiner Anthologie fehlt und das andere unbekannt war und geblieben ist. Warum haben sie mich damals so beunruhigt, so aufgeregt? Noch ahnte ich nicht, daß ich da etwas entdeckt, etwas plötzlich begriffen hatte, was seit eh und je im Mittelpunkt der Literatur oder zumindest der Lyrik steht. Getroffen, wenn nicht aufgeschreckt hatte mich das in diesen Versen auf einfachste Weise ausgedrückte Ineinander und Miteinander der beiden Themen, die mich angingen wie keine anderen: Liebe und Vergänglichkeit.
Noch wußte ich nicht, daß es nicht unbedingt zwei verschiedene Urerlebnisse sind, die sich säuberlich voneinander trennen lassen, daß man also zwar über die Vergänglichkeit schreiben kann, ohne auf die Liebe einzugehen, aber nicht über die Liebe, ohne zugleich über die Vergänglichkeit zu schreiben.
Die Liebe und die Vergänglichkeit – das ist denn auch das

Thema des ersten Gedichts von Brecht, das mich für ihn, um es vorsichtig auszudrücken, einnahm. Zu Brecht kam ich über die Schallplatte. Damals gab es bei uns, es war 1932, einen Untermieter, der besaß, was wir in Berlin nicht hatten: ein Grammophon und viele Schallplatten. Er spielte sie oft und laut. So hörte ich in unserer Wohnung eine ungewöhnliche, eine ironische, eine kesse und aufstachelnde Musik. Sie reizte und provozierte mich und ebendeshalb gefiel sie mir sehr. Es waren die Songs, die Lieder, die Choräle aus der »Dreigroschenoper« und aus dem »Aufstieg und Fall der Stadt Mahagonny«.

Zwei Jahre später stöberte ich in einem kleinen Antiquariat in der Nähe des Bayerischen Platzes. Der in einem ziemlich düsteren, nur dürftig beleuchteten Keller befindliche Laden war für mich, kaum daß ich ihn gefunden hatte, geradezu lebenswichtig geworden. Denn dort wurde mehr oder weniger diskret feilgehalten, wonach ich, mittlerweile fünfzehn Jahre alt, dürstete: Es waren die verramschten Bücher der damals verbotenen Autoren, der Emigranten, der Kommunisten, der Juden.

Ich gehörte zu den Stammkunden dieses Ladens, freilich war ich einer, der sich vieles ansah und nur selten etwas kaufte. Aber rausgeschmissen wurde ich nicht. Einmal suchte ich den Text der »Dreigroschenoper«. Er war nicht zu haben. Statt dessen reichte mir der freundliche Antiquar, bedeutungsvoll augenzwinkernd, ein dünnes Büchlein, in dem ich dann, in einem stillen Winkel an ein Regal gelehnt, blätterte und hier und da etwas las. Daß ich einen der bedeutendsten Gedichtbände des Jahrhunderts in der Hand hielt, habe ich nicht gewußt, vermutlich kam damals niemand auf eine solche Idee. Das Buch war billig, für mich indes immer noch zu teuer. Schon wollte ich es zurückgeben, da fiel mein Blick auf ein nicht langes Gedicht. In ihm war vom »blauen Mond September« die Rede und von einem »jungen Pflaumenbaum« und von einem »holden Traum«. Das fand ich zunächst nicht so fabelhaft, es kam mir etwas süßlich vor. Doch dann konnte ich meinen Blick von diesen Versen nicht mehr abwenden.

Während mich die Songs, die ich von den Platten kannte, befremdet und erstaunt und auch sehr amüsiert hatten, fühlte ich mich hier verzaubert. Warum? Ich weiß es nicht. Es macht wohl das Wesen der Verzauberung aus, daß da Wirkung ist, ohne daß die Ursache erkennbar wäre. So läßt sich die Magie der Dichtung nicht überzeugend erklären, letztlich bleibt sie immer etwas unheimlich. Mich hatte wohl nichts anderes berückt als der Ton dieses Gedichts, nichts als seine Melodie und seine Sprache.

Eigentlich konnte ich mir das Buch nicht leisten, aber schließlich habe ich es doch gekauft – diesen dünnen Band mit dem altmodischen Titel »Hauspostille«. Die »Erinnerung an die Marie A.« liebe ich immer noch. Als ich mich 1977 entschlossen hatte, endlich selber eine Interpretation für die von mir redigierte »Frankfurter Anthologie« zu schreiben – die »Anthologie« gab es damals schon seit über drei Jahren, aber ich hatte mir bis dahin strenge Zurückhaltung auferlegt –, da wählte ich für diese Premiere kein Gedicht von Goethe oder von Heine, sondern eben Brechts »Marie A.«. Übrigens: Mein Kommentar endet mit einer Widmung. Wen hatte ich da im Sinn? Nun, das geht ja aus dem Zusammenhang hervor, natürlich die Marie A. Doch zugleich waren diese Worte an eine andere Frau gerichtet. Sie hat meine Widmung sehr wohl verstanden.

Ganz anders erging es mir mit Tucholsky. Ich war von ihm hingerissen, aber nicht von seinen Büchern, dem »Schloß Gripsholm« oder dem »Pyrenäenbuch«, sondern von den Feuilletons und Glossen. Ich las sie mit roten Backen in seinen Sammelbänden und häufiger noch in den roten, den verblichenen Heften der »Weltbühne«. Ich habe Tucholsky viel zu verdanken, ich habe von ihm immer wieder gelernt.

Doch seine Verse ließen mich kalt, sie kamen mir oft geradezu läppisch vor. Das hatte einen einfachen Grund: Ich hatte keine Geduld, die in einem riesigen Berg von Kartoffeln verborgenen Perlen zu suchen. Erst viel später habe ich begriffen, daß von der Qualität, vom Rang eines Lyrikers stets nur seine besten Gedichte zeugen. Und wenn diese wirklich gut und schön sind, dann sollte man über alle, die er sonst veröffentlicht hat, großzügig hinwegsehen. Gar kein Zweifel – mit ihrer Massenproduktion richten die Vielschreiber (die mit Talent, denn nur auf die kommt es an) Schaden an. Aber sie schaden vor allem sich selber, sie stehen sich selber im Wege. Erziehbar sind sie, wie alle Dichter von einigem Format, überhaupt nicht. Man darf hinzufügen: glücklicherweise nicht.

Der Lyriker Tucholsky war ein solcher Vielschreiber – und Erich Fried gleichfalls. Man beurteilt seine Poesie gelegentlich ungerecht, weil die schlechten, miserablen Gedichte, die er unermüdlich verfertigte, den Blick auf die vorzüglichen, die es in seinem Werk mit Sicherheit auch gibt, trüben und beeinträchtigen. Ebendeshalb findet sich hier ein Gedicht von Fried, eines, das ich für ein vollkommenes poetisches Gebilde halte.

Und Günter Kunert? Der Fall liegt ähnlich. Wie viele Gedichte hat er geschrieben, wie viele veröffentlicht? Zweitausend oder dreitausend oder noch mehr? Seine seit 1950 publizierten Lyrikbände sind, alle zusammen, eine Herausforderung, eine ärgerliche. Hingegen wäre ein vernünftiger Auswahlband mit, sagen wir, hundert seiner Gedichte (aber bitte nicht mehr!) ein Dienst an der deutschen Gegenwartsliteratur.

Dank Brecht und Tucholsky (und vielen weniger bedeutenden Autoren wie etwa Mascha Kaleko, die wir jedoch auf keinen Fall vergessen sollten) konnte ich, mitten im »Dritten Reich« lebend, noch die Kultur der Weimarer Republik wahrnehmen, ihr Klima vor allem und ihre Atmosphäre. Obwohl sie von den neuen Kulturpolitikern und ihren journalistischen Helfern immer heftiger und immer gehässiger beschimpft und bekämpft wurde, war sie, jedenfalls in Berlin, auf Schritt und Tritt zu spüren. So wurde ungeachtet der heftigen Propaganda der verfemte Zeitgeist von gestern unerwartet zur heimlichen Legende.

In gewissem Sinn repräsentierte den Geist der Weimarer Republik auch – so unglaubwürdig dies klingen mag – Görings Schützling Gustaf Gründgens, der ein preußischer Staatsrat und trotzdem ein verdienstvoller Mann und obendrein ein Antityp der Zeit war. Ich habe ihn bewundert wie keinen anderen Schauspieler, vielleicht war ich in ihn vernarrt.

Als im Herbst 1999 sein hundertster Geburtstag nahte, fiel mir ein, dies sei ein passender Anlaß, um Gründgens in der »Frankfurter Anthologie« zu feiern. Ich erinnerte mich an ein von ihm verfaßtes Couplet, das er vor 1933 in Eduard Künnekes Operette »Liselott« gesungen hatte. Ich kannte es nur von einer Schallplatte. Als ich den Text las, war ich unentschieden, ob es richtig sei, eine derartige Petitesse in unsere »Anthologie« aufzunehmen. Da entsann ich mich der weisen Regel des römischen Rechts: In dubio pro reo – im Zweifelsfall entscheide man zugunsten des Angeklagten.

Und warum finden sich in diesem Band Gedichte von Richard Wagner und Theodor Fontane und von dem beinahe ganz vergessenen Paul Boldt? Sind es Glanzstücke der deutschen Poesie? Nicht unbedingt. Aber bei jedem der drei Texte hatte ich schon gute Gründe, mich seiner anzunehmen.

An dem Gedicht von Wagner hänge ich seit meiner frühen Jugend. Als ich las: »der Lenz, der sang für sie«, gingen mir die Augen auf. Und ich halte es für möglich, daß Wagner der erste war, der diesen schlichten und doch erhellenden Gedanken so klar und so einleuchtend formuliert hat.

Mit Fontanes »An meinem Fünfundsiebzigsten« hat es eine andere Bewandtnis. Vor einigen Jahren wurden bis dahin unbekannte Briefe aus seiner letzten Lebenszeit veröffentlicht. Sie enthalten einige scharfe Äußerungen gegen Juden. Kollegen haben darauf sehr streng, doch wohl nicht zu streng reagiert. Ich hingegen glaubte, in dieser Sache schweigen zu dürfen. Denn man sollte nicht vergessen, daß unser verehrter, großer Fontane ein ganz unzuverlässiger Kantonist war. Bei ihm findet sich ein nicht alltägliches Geständnis: Eigentlich hätte er immer das Gegenteil von dem sagen können, was er, zumindest in seiner Eigenschaft als Kritiker, tatsächlich gesagt habe. Da dachte ich mir, es sei an der Zeit, jenes seiner Gedichte hervorzuholen, das den Juden auf rührende Weise Respekt und Dankbarkeit erweist.

Paul Boldt? Ein beinahe kurioser Umstand war hier im Spiel. Der überaus erfolgreiche Industrielle Jan A. Ahlers, Inhaber eines Textilunternehmens, plante die öffentliche Ausstellung seiner Bildersammlung. Sie ist ganz ungewöhnlich, zu ihr gehören Werke der bedeutendsten deutschen Maler des zwanzigsten Jahrhunderts. Zum Motto des Katalogs wählte Ahlers, der »Bekleidungshersteller«, die Zeile: »Das ist nicht ich, wovon die Kleider scheinen.« Sie stammt aus dem Gedicht »In der Welt«, enthalten im einzigen, kurz vor dem Ersten Weltkrieg erschienenen Lyrikband des Expressionisten Paul Boldt.

Allerdings war zu befürchten, daß es den Lesern des Katalogs schwerfallen werde, diese Zeile und auch das ganze, nicht einfache Gedicht zu verstehen. Ob ich bereit sei, ihnen zu helfen, also diese Verse zu erklären. Kaum hatte ich sie gelesen und schon sagte ich freudig zu. In meiner Laufbahn als Lyrikinterpret war und ist dies die einzige Auftragsarbeit.

Daß ich es nicht vergesse: Da ist ja noch Hölderlin, Friedrich. Ich liebe in der Poesie die Klarheit, nicht aber die Dunkelheit, ich schätze die Vieldeutigkeit, nicht aber die Undeutlichkeit. Hölderlins Verse haben mir bisweilen Schwierigkeiten bereitet. Aber ungleich mehr Kummer machen mir (und vielleicht nicht nur mir) diejenigen seiner Bewunderer, deren Verehrung sich der Anbetung nähert und die daher sein Werk am liebsten der kritischen Betrachtung ganz und gar entziehen möchten. Mein sich änderndes Verhältnis zu Hölderlin war von Trotz nicht ganz frei. Aber ich glaube nicht, ihn je unterschätzt zu haben.

Gleichviel: Als am 2. April 1994 der tausendste Beitrag der »Frankfurter Anthologie« fällig war, da mußte ich mir nicht lange überlegen, welches Gedicht für dieses Jubiläum am besten geeignet wäre. Früher habe ich bei einem ähnlichen Anlaß ein Gedicht von Goethe gewählt, jetzt entschied ich mich für Hölderlins Ode »An die Parzen«. Ich kenne einige deutsche Gedichte, die so schön sind wie dieses. Ich kenne keines, das es übertreffen würde.

Das wär's, für heute.

Marcel Reich-Ranicki

WALTHER VON DER VOGELWEIDE
UNDER DER LINDEN

Under der linden
an der heide,
dâ unser zweier bette was,
dâ mugt ir vinden
schône beide
gebrochen bluomen unde gras.
vor dem walde in einem tal,
tandaradei,
 schône sanc diu nahtegal.

Ich kam gegangen
zuo der ouwe:
dô was min friedel komen ê.
dâ wart ich enpfangen,
hêre frouwe,
daz ich bin sælic iemer mê.
kuster mich? wol tûsentstunt:
tandaradei,
 seht wie rôt mir ist der munt.

Dô het er gemachet
alsô rîche
von bluomen eine bettestat.
des wirt noch gelachet

inneclîche,
kumt iemen an daz selbe pfat.
bî den rôsen er wol mac,
tandaradei,
  merken wâ mirz houbet lac.

Daz er bî mir læge,
wessez iemen
(nu enwelle got!), sô schamt ich mich.
wes er mit mir pflæge,
niemer niemen
bevinde daz, wan er unde ich,
und ein kleinez vogellîn:
tandaradei,
  daz mac wol getriuwe sîn.

DAS GLÜCK DER LIEBE

Den Minnesängern haben die Germanisten gern den »*beseelten* Eros« nachgesagt. Wollten sie mit der Betonung des Seelischen das Erotische dieser Lyrik vom Konkreten befreien und so gleichsam entsühnen, wenn nicht gar adeln? Jedenfalls mußte man den Eindruck gewinnen, die deutschen Dichter des Mittelalters hätten immer bloß die hohe, hehre und holde, die himmlische Minne besungen, die sinnliche und körperliche, die irdische Liebe hingegen ignoriert oder tabuisiert.

Nun trifft es zu, daß diese Poeten oft gehalten waren, die Gemahlin ihres jeweiligen Auftraggebers, die höfische Herrin also, zu preisen – und deren Bild hatte in der Regel abstrakt und womöglich konventionell zu sein. Doch gibt es in ihren Dichtungen auch ein reales weibliches Wesen, eine leibhaftige Geliebte. Walther von der Vogelweide etwa dachte nicht daran, das Sexuelle auszusparen.

In seinem (keineswegs zu Unrecht) berühmtesten Gedicht, dem Lied »Under der linden«, läßt er eine Frau berichten. Nichts wissen wir über sie: Weder kennen wir ihren Namen noch ihr Alter, weder ihren Stand noch ihre Herkunft. Wir wissen nur: Sie ist glücklich. Und wir hören sogleich, welchem Umstand sie dieses Glück verdankt. Die erste Strophe skizziert den Ort des Geschehens und deutet damit den Vorgang an: Von dem, was sich im Bette, im Lager unter der Linde ereignet hat, zeugen gebrochene Blumen und Gräser. Walther konnte sicher sein, daß sein Publikum ihn verstehen werde: Mit gebrochenen Blumen symbolisierten die Poeten schon damals den Verlust der Jungfräulichkeit, die *Defloration.*

Nachdem er den Schauplatz als einen Ort der Lust und der Liebe charakterisiert hat, blendet der Dichter zurück: Erst jetzt, in der zweiten Strophe und in den ersten drei Versen der nächsten, wird geschildert, was dem Vorfall, auf den die erste Strophe anspielt, vorangegangen ist. Dann aber folgt der zweite Zeitsprung, wir sind wieder in der Gegenwart: Wen der Weg an dem zurückgelassenen Blumenbett vorüberführt, der werde, ahnend, was da passiert ist, »inneclîche« lachen, also sich von Herzen freuen. Denn wer liebt, mag sich nicht vorstellen, sein Glück könnte einem anderen gleichgültig sein.

In der vierten Strophe findet sich die geradezu herausfordernde Schlußfolgerung: Daß der Liebste bei ihr lag und was er mit ihr tat, dessen würde sich jene, der dies widerfahren ist, schämen – aber nur dann, wenn es jemand wüßte. Da jedoch nur ein kleiner Vogel zugeschaut hat und dieser verschwiegen (»getriuwe«) sein kann, sieht sie nicht den geringsten Grund zur Scham: Keine Reue stellt die verbotene, die heimlich genossene Liebe in Frage.

Weiß die Glückliche, daß keine Liebesgeschichte auf Erden gut endet, daß Ernüchterung und Enttäuschung nie ausbleiben, daß, wer himmelhoch jauchzt, zu Tode betrübt sein wird? Wohl kaum. Doch was immer ihr die Zukunft bringen mag, die Seligkeit, die ihr unter der Linde beschieden war, wird ihr niemand mehr rauben können. Daher singt sie ein zwar nicht heiteres oder gar lustiges, wohl aber ein beschwingtes und beflügeltes Lied – allerdings eher in Moll als in Dur.

Es ist ein vollkommenes poetisches Gebilde: Kein Wort fehlt hier und auf keines läßt sich verzichten. Und wie das erzählende Mädchen nicht nur schlicht und natürlich scheint, sondern auch ein wenig kokett, so verbindet das Gedicht die vollkommene Naivität (in der Lyrik beinahe immer ein Produkt der Reife) mit äußerster artistischer Raffinesse. Walthers Kunstfertigkeit ist frei vom Makel der Künstlichkeit. Beide, den Poeten und seine Liebste, zeichnet aus, was die Jahrhunderte überdauert hat (das Lied ist um 1200 entstanden) und was sich jeder wissenschaftlichen Definition entzieht: Charme und Anmut. Erst in einer viel späteren Epoche hatte Deutschland wieder einen Dichter, der Verse von vergleichbarer Schönheit geschrieben hat: Goethe.

(1984)

PAUL FLEMING
ZUR ZEIT SEINER VERSTOSSUNG

Ein Kaufmann, der sein Gut nur einem Schiffe traut,
Ist hochgefährlich dran, indem es bald kann
kommen,
Daß ihm auf einen Stoß sein ganzes wird genommen.
Der fehlt, der allzuviel auf ein Gelücke traut.

Gedenk ich nun an mich, so schauret mir die Haut:
Mein Schiff, das ist entzwei, mein Gut ist
weggeschwommen.
Nichts mehr, das ist mein Rest; das machet kurze
Summen.
Ich habe Müh und Angst, ein andrer meine Braut.

Ich Unglückseliger! mein Herze wird zerrissen,
Mein Sinn ist ohne sich; mein Geist zeucht von mir
aus.
Mein Alles wird nun Nichts. Was wird doch endlich
draus?
War eins doch übrig noch, so wollt ich alles missen.
Mein teuerster Verlust, der bin selbselbsten ich.
Nun bin ich ohne sie; nun bin ich ohne mich.

OHNE SIE, ALSO OHNE MICH

Vergessen ist Paul Fleming, der von 1609 bis 1640 gelebt hat, gewiß nicht. Aber man kennt ihn als Autor zunächst und vor allem von Psalmen und Chorälen. Sein wohl berühmtester Interpret und Bewunderer, der Dichter Rudolf Alexander Schröder, nahm ihn nahezu ganz für die protestantische Kirche in Anspruch und lieferte so die literarische Rechtfertigung für einen längst bestehenden Sachverhalt. Denn schon viel früher hatten die Herausgeber evangelischer Gesangbücher keine Bedenken – Klabund machte sich hierüber lustig –, Flemings Lyrik für ihre Zwecke zu adaptieren: Sie strichen aus manchen seiner Lieder den Namen des von ihm angebeteten Mädchens Elsabe und setzten einen anderen ein, nämlich Jesus.

Keineswegs ist es die Liebe zu Gott oder zu Jesus, die Fleming am häufigsten feiert, sondern die zu den Frauen. Sie haben ihm, soweit sich dies seinen Versen entnehmen läßt, viel Kummer bereitet. Doch so sind viele Poeten: Die glückliche Liebe genießen sie eher schweigend, die unglückliche besingen sie wortreich. Auch Flemings erotische Gedichte sind vor allem Klagen eines Enttäuschten und Abgewiesenen, Bekenntnisse eines Einsamen.

In Reval hatte er sich in die Tochter eines aus Hamburg

stammenden Kaufherrn verliebt, ebenjene Elsabe, ein angeblich besonders launenhaftes Mädchen. Allerdings hielt er sich dort nur vorübergehend auf: Er gehörte (als »Hofjunker und Truchseß«) der Expedition eines holsteinischen Herzogs an; sie war über Reval und Moskau nach Persien unterwegs. Fleming mußte also Elsabe, in der er schon seine Braut sah, verlassen. Sie sollte auf ihn warten – so hatte er es gehofft, so hatte sie es versprochen.

Aber Reisen, lange zumal, gefährden bestehende und ermöglichen neue Beziehungen. Während Fleming seiner Elsabe schöne Briefe schrieb (und zwar in Versen), suchte sie offenbar einen neuen Hafen. Ein Professor war es, den sie dem Literaten vorzog und mit dem sie sich rasch vereinte. Als die Trauerbotschaft, mit der er überhaupt nicht gerechnet hatte, Fleming erreichte – er weilte gerade im Kaukasus –, reagierte er, wie es in seiner Zunft üblich und in seiner Epoche Mode war: mit einem Sonett.

Er habe den Fehler begangen, alle seine Gefühle einem einzigen Menschen zuzuwenden – die allegorische Umschreibung dieses einfachen Gedankens wirkt heute unfreiwillig komisch. Sie ist auch, gelinde gesagt, ziemlich naiv. Der Handel und die Liebe? Der poetische Vergleich hinkt, weil ein Kaufmann über sein Gut verfügen kann, wie er es für richtig hält, wohingegen die Entscheidungsfreiheit des Liebenden (nicht des Geliebten!) zumindest partiell oder temporär eingeschränkt ist.

In dieser ersten Strophe erweist sich Fleming als der glänzende Schüler (aber eben nur der Schüler) seines Meisters, des gelehrten, des allzu gelehrten Dichters Martin Opitz. Doch in den nächsten Strophen, vor allem in der letzten und besten, gelingt es Fleming, innerhalb der überlieferten Form, deren strenge Regeln er genau befolgt, einen den Zeitstil überwindenden individuellen Ton zu treffen und so Persönliches auch persönlich auszudrücken.

Zugleich wird hier deutlich, wie modern dieser erste große Erotiker des Barocks, seine Vorgänger übertreffend, die Liebe versteht: Er sieht in ihr eine Möglichkeit der Selbstverwirklichung des Mannes. Und jetzt, da er sich verstoßen fühlt, ist er entsetzt, daß dieselbe Liebe seine Selbstbehauptung gefährdet, ja seinem ganzen Leben die Grundlage entzieht: »Mein Sinn ist ohne sich; mein Geist zeucht von mir aus. Mein Alles wird nun Nichts.«

Es ist also – und gerade das trägt zur Modernität dieses Gedichts bei – nicht der Verlust der Geliebten, der ihn erschüttert, sondern eher die Angst, dieser Verlust könne ihn seiner Identität berauben, ihn selber zerstören. Dafür findet Fleming eine poetische Formel, die so klar wie knapp, die vollkommen ist: »Nun bin ihn ohne sie; nun bin ich ohne mich.« Was hier erzählt wird: Es ist eine alte Geschichte, doch bleibt sie immer neu.

(1979)

JOHANN WOLFGANG GOETHE
REZENSENT

Da hatt ich einen Kerl zu Gast,
Er war mir eben nicht zur Last,
Ich hatt so mein gewöhnlich Essen.
Hat sich der Mensch pump satt gefressen
Zum Nachtisch was ich gespeichert hatt!
Und kaum ist mir der Kerl so satt,
Tut ihn der Teufel zum Nachbar führen,
Über mein Essen zu raisonnieren.
Die Supp hätt können gewürzter sein,
Der Braten brauner, firner der Wein.
Der tausend Sackerment!
Schlagt ihn tot, den Hund! Es ist ein Rezensent.

EIN GEGNER DER MEINUNGSFREIHEIT

Alle Dichter schreiben schlechte Gedichte. Die guten Poeten unterscheiden sich von den schlechten nur dadurch, daß sie bisweilen auch *gute* Gedichte verfassen. Und wie ist es mit Goethe? Er genießt den Ruf, Deutschlands größter Lyriker zu sein. Das stimmt schon. Wenn es um die Poesie geht, kann ihm keiner das Wasser reichen. Aber natürlich hat auch er, der unverbesserliche Vielschreiber, zahlreiche mäßige oder schwache Gedichte produziert, gelegentlich sogar törichte. Doch das dümmste, das seiner Feder entstammt, ist wohl das Gedicht »Rezensent«, veröffentlicht im März 1774.

Über den unmittelbaren Anlaß, der zu diesen Versen geführt hat, sind wir nicht informiert. Es mag sein, daß die Sache mit Christian Heinrich Schmid zusammenhing. Von diesem Gießener Professor der Dichtkunst und Beredsamkeit, der sich auch als Rezensent betätigte, hatte der junge Goethe offenbar keine hohe Meinung: Er sei (so in einem Brief vom 25. Dezember 1772 zu lesen) »ein wahrer Esel« und obendrein ein »Scheiskerl«. Ob nun Schmid oder ein anderer – sicher ist, daß Goethe attakkiert wurde und daß er kräftig zurückschlagen wollte. Dagegen bräuchte man noch nichts einzuwenden, wenn nur der Racheakt etwas intelligenter geraten wäre.

»Da hatt ich einen Kerl zu Gast...« Hier stock' ich schon.

Warum hat jener, der hier berichtet – und wir können annehmen, daß es Goethe persönlich ist –, einen Kerl eingeladen, der einer von ihm verabscheuten Zunft angehört? Denn daß es ein Rezensent war, muß er gewußt haben. Die Selbstrechtfertigung läßt denn nicht auf sich warten: »Er war mir eben nicht zur Last...« Eine auffallend dürftige Rechtfertigung: Seit wann lädt man jemanden, der einem nur »eben nicht zur Last« fällt, zum Essen ein? Wollte Goethe gar den Rezensenten für sich einnehmen? Es scheint, daß diesen (doch naheliegenden) Verdacht der Hinweis entkräften soll, es habe keineswegs ein besonders üppiges Mahl gegeben, sondern bloß sein »gewöhnlich Essen«.

Worüber bei Tisch geredet wurde, erfahren wir nicht, statt dessen hören wir, der Gast habe kräftig zugegriffen und sich »pump satt gefressen«, was schwerlich als Vorwurf gelten kann. Indes habe er sich wenig später zu einem Nachbarn über das, was ihm vorgesetzt wurde, ungünstig geäußert. Das ist weder schön noch höflich. Wie aber, wenn die Suppe wirklich fad war und der Braten nicht knusprig genug und der Wein ein wenig sauer? Wie also, wenn – was wir nicht ausschließen können – der Unhöflichkeit der Mangel an Gastfreundschaft vorangegangen war? Hat vielleicht der Eingeladene einen Verstoß gegen die gesellschaftliche Konvention in Kauf genommen, um die Wahrheit sagen zu können? Ist es verwerflich, die Ehrlichkeit mehr zu schätzen als die Höflichkeit?

Die Frage erübrigt sich, weil wir es mit einem Gleichnis zu tun haben, und zwar mit einem solchen, das hinten und vorne nicht stimmt. Denn Goethe hat nichts anderes im Sinn als die Kritik. Aber der Rezensent, der sich der Arbeiten eines Schriftstellers annimmt, ist nicht von diesem hierzu ausgewählt und eingeladen worden und wird nicht von ihm bewirtet. Im Gegenteil: Er ist gehalten, das, was der Autor geleistet hat, zu prüfen und zu beurteilen und seine Meinung möglichst klar darzulegen, und zwar ohne sich darum zu kümmern, ob dies dem Betroffenen gefallen werde oder nicht.

Indem Goethe seine Leser auffordert, die Rezensenten totzuschlagen, entpuppt er sich als ein Anhänger der Todesstrafe und als ein Gegner der Meinungsfreiheit; überdies ist auch der Tatbestand der Volksverhetzung erfüllt. Und warum das alles? Kaum war das Gedicht »Rezensent« gedruckt, da wurde Goethe öffentlich belehrt. Der Dramatiker Heinrich Leopold Wagner, den vor allem die Tragödie »Die Kindermörderin« bekannt gemacht hat, publizierte ein Gegengedicht, das mit den Worten endet: »Schmeißt ihn todt, den Hund! Es ist ein Autor der nicht kritisiert will sein.«

(1990)

JOHANN WOLFGANG GOETHE
FREUDVOLL UND LEIDVOLL

Freudvoll
Und leidvoll,
Gedankenvoll sein,
Langen
Und bangen
In schwebender Pein,
Himmelhoch jauchzend,
Zum Tode betrübt;
Glücklich allein
Ist die Seele, die liebt.

DIE SCHWEBENDE PEIN

Der Missetäter heißt Beethoven. Denn durch seine (übrigens herrliche) Vertonung wurde dieses Gedicht fast unmerklich der deutschen Lyrik entzogen. Aus dem zarten und intimen Lied eines liebenden Mädchens hat er den effektvollen Auftritt einer Primadonna gemacht. Nur der Anfang ist schlicht, dann aber treibt die verhältnismäßig opulente Orchesterbegleitung – zumal das Crescendo vor den Worten »Himmelhoch jauchzend« – das Ganze ins Hochdramatische: Aus dem Klärchen-Lied wird fast eine Fidelio-Arie. Doch die das summt und singt, ist nicht eine Heroine, sondern des Grafen Egmont naiver Bettschatz. So hat Beethovens Musik den Text Goethes zugedeckt, wenn auch, zugegeben, auf erhabene Weise.

Seitdem ist es üblich, dieses Lied lediglich als einen Bestandteil des Trauerspiels »Egmont« und nicht als ein selbständiges Gedicht zu behandeln: Es gehört nicht zum Kanon der deutschen Poesie, es findet sich, soweit ich sehe, nur selten in Lyrik-Anthologien, es wird von den Herausgebern der Schul-Lesebücher hartnäckig ignoriert. Aber es ist, jedenfalls für mich, das schönste, das vollkommenste erotische Gedicht in deutscher Sprache.

Goethes Worte – es sind insgesamt nicht mehr als 23 –

beschreiben einen Gemütszustand von außergewöhnlicher Labilität. Ihn charakterisieren extreme Schwankungen – zwischen »freudvoll« und »leidvoll« bis hin zu dem Gegensatz von höchstem Lebensgefühl und tiefster Niedergeschlagenheit, wenn nicht Verzweiflung.

Bezieht sich die Formulierung »Himmelhoch jauchzend, zum Tode betrübt« auf jemanden, der an einer psychischen Krankheit leidet? Wollte Goethe das Bild eines manisch-depressiven Menschen skizzieren? Nicht unbedingt. Wir haben es jedoch mit einem insofern krankhaften oder zumindest scheinbar krankhaften Fall zu tun, als die raschen und heftigen Schwankungen zwischen Euphorie und Melancholie, von denen hier die Rede ist, keinen rationalen Grund haben. Gleichwohl wird, was sie auslöst, deutlich benannt – allerdings erst mit dem letzten Wort des Gedichts: Es geht um die Liebe.

Zwischen den beiden Gegenüberstellungen – der nachdenklich gemäßigten und der extrem gesteigerten, bei der es keinen Platz mehr für die Vokabel »gedankenvoll« gibt – verweist Goethe auf das Element, das zu diesen polaren Spannungen und Schwankungen gewiß beiträgt, ja sie offenbar verursacht: die Angst.

Indes heißt es am Ende: »Glücklich allein ist die Seele, die liebt.« Glücklich trotz der schwebenden Pein? Nein, nicht trotz, sondern eben dank der unentwegten Furcht, das Einzigartige, das kaum Faßbare könne so plötzlich zu Ende gehen, wie es begonnen hat. Nur derjenigen Liebe, die auch gefährdet, also unsicher ist, verdankt der Mensch das höchste Glück. Die Angst erscheint somit nicht bloß als eine unvermeidbare Begleiterscheinung der Liebe, sondern als ihr Fundament und ihre Voraussetzung.

Aber wen hat Klärchen im Sinn? In Goethes frühen erotischen Gedichten hören wir immer von einem Partner, von dem Objekt der so intensiven Zuneigung. Klärchen hingegen spricht ausschließlich von sich selber, von ihrer eigenen Liebe. Die Frage, wem dieses Gefühl, das die Zurechnungsfähigkeit des Individuums unzweifelhaft beeinträchtigt, denn eigentlich gilt, wird bewußt ausgespart: Es ist, verstehen wir, eine belanglose Frage. Denn der Gott, man kann es schon bei Plato lesen, ist nicht beim Geliebten, sondern beim Liebenden. Anders ausgedrückt: Die Fähigkeit zu lieben ist ungleich größer und höher als die Gabe – oder sollte man sagen: Gnade? –, geliebt zu werden. Auch darauf deutet dieses prägnante Gedicht hin.

Goethe, haben wir gelernt, wollte wissen, was die Welt im Innersten zusammenhält. Das ist schon richtig. Doch noch mehr, so will es scheinen, interessierte und irritierte ihn die Liebe: Er empfand das Leben erotisch. So hatte er denn auch die Kühnheit zu verkünden: »Da wo wir lieben / Ist Vaterland.«

(1981)

JOHANN WOLFGANG GOETHE
ALLES GEBEN DIE GÖTTER

Alles geben die Götter, die unendlichen,
Ihren Lieblingen ganz,
Alle Freuden, die unendlichen,
Alle Schmerzen, die unendlichen, ganz.

DER LIEBLING DER GÖTTER

Ich liebe dieses Gedicht, diese achtzehn Worte. Hier stocke ich schon. Sind es wirklich achtzehn Worte oder vielleicht nur siebzehn? Goethe selber hat den vier Versen – man kann es kaum glauben – keine Bedeutung beigemessen. Er notierte sie 1777 in einem Brief an die Gräfin zu Stolberg, eine etwas jüngere Dame, die er nie gesehen hat, die er aber dringend benötigte – als Korrespondenzpartnerin, als Adressatin seiner Monologe. In eine Buchausgabe seiner Lyrik hat er das kurze Gedicht nie aufnehmen lassen.

Trotzdem wurde es bald veröffentlicht: Der Bruder der Empfängerin, Graf Friedrich Leopold zu Stolberg, hat die vier Verse in einem Aufsatz in der Zeitschrift »Deutsches Museum« zitiert. Der erste Vers lautet hier: »Alles geben die Götter, die unendlichen ...« So wurde das Gedicht über hundert Jahre lang in allen Goethe-Ausgaben gedruckt.

Doch in dem Brief an die Gräfin zu Stolberg, um den sich offenbar kein Editor gekümmert hat, beginnt das Gedicht anders: »Alles gaben Götter, die unendlichen ...« Also wie nun: »geben« oder »gaben«, »Götter« oder »die Götter« und somit siebzehn Worte oder achtzehn? Hat es Stolberg etwa gewagt, Goethes Verse zu redigieren? Das kann ich nicht glauben. Denn wäre es so, dann hätte der

Autor, der das »Deutsche Museum« zu lesen pflegte, sofort protestiert. Es ist eher anzunehmen, daß die neue Fassung von Goethe selber stammte. Sollte aber Stolberg die beiden Änderungen vorgeschlagen oder vorgenommen haben, dann hat sie, dessen bin ich ziemlich sicher, Goethe gebilligt – stillschweigend oder in einem verlorengegangenen Brief.

Der Unterschied zwischen den beiden Fassungen ist keineswegs geringfügig. Die Hinzufügung des Artikels »die« verleiht auch dem ersten Vers den gleichmäßigen Rhythmus der drei übrigen Verse. Ich glaube nicht, daß Goethe diesen Rhythmus zunächst durchbrechen wollte. Und mit dem Verbum in der Vergangenheit drückt er eine allgemeine Erfahrung aus oder eine geschichtliche Erkenntnis: So war es einst, behauptet er. Heißt es aber im ersten Vers »geben«, dann ist mit dem Gedicht ein gegenwärtiger Zustand gemeint und (möglicherweise) eine persönliche Erfahrung.

Um nicht mißverstanden zu werden, schreibt Goethe in dem Brief an die Gräfin zu Stolberg von der »Unruhe des Lebens« (er meint: seines Lebens), läßt darauf die vier Verse folgen und fügt sogleich hinzu: »So sang ich neulich, als ich tief in einer herrlichen Mondnacht aus dem Flusse stieg der vor meinem Garten fliesst; und das bewahrheitet sich täglich an mir.« Von der Gleichzeitigkeit der außerordentlichen Freuden und der außerordentlichen Schmerzen in seinem Dasein hatte er sich etwas früher in einem Brief an seine Mutter geäußert: daß ihm nämlich der Tod der Schwester Cornelia (sie war am 8. Juni 1777 gestorben) »nur desto schmerzlicher sei«, als er ihn »in so glücklichen Zeiten« überrasche.

Dürfen wir das kurze Gedicht als eine Selbstcharakteristik verstehen? Gewiß, aber wann immer Goethe über sich selber spricht, spricht er auch über andere. Er weiß sehr wohl, daß er zu den Lieblingen der Götter gehört, er sagt es nicht nur in diesem Vierzeiler, sondern auch bei verschiedenen anderen Gelegenheiten, so gegen Ende jener späten »Elegie«, die wir die Marienbader nennen. Doch zugleich bezieht Goethe dieses Wort auf die Künstler, die Dichter: Sie sind Lieblinge der Götter, denn sie zeichnet die gesteigerte Fähigkeit aus, Glück zu erleben und Leiden zu empfinden.

Freilich haben wir damit bloß *eine* Voraussetzung des literarischen Künstlertums. Sie bedarf, um sich manifestieren zu können, noch einer anderen Fähigkeit: Wenn der Mensch in seiner Qual verstummt, ist es ihm, dem Poeten, gegeben, zu sagen, wie er leidet und was er leidet. Begnadet und gesegnet mit allen Freuden, den unendlichen, und geschlagen und gequält mit allen Schmerzen, den unendlichen, wurde Goethe zum Sachwalter der Glücklichen und der Leidenden, der Liebenden und der Verliebten. Oder auch: zum Dichter der Liebe.

(1999)

FRIEDRICH HÖLDERLIN
AN DIE PARZEN

Nur Einen Sommer gönnt, ihr Gewaltigen!
Und einen Herbst zu reifem Gesange mir,
Daß williger mein Herz, vom süßen
Spiele gesättiget, dann mir sterbe.

Die Seele, der im Leben ihr göttlich Recht
Nicht ward, sie ruht auch drunten im Orkus nicht;
Doch ist mir einst das Heil'ge, das am
Herzen mir liegt, das Gedicht gelungen,

Willkommen dann, o Stille der Schattenwelt!
Zufrieden bin ich, wenn auch mein Saitenspiel
Mich nicht hinab geleitet; Einmal
Lebt ich, wie Götter, und mehr bedarfs nicht.

DEN GÖTTERN GLEICH

In seiner Studentenzeit war ihm die Politik mit Sicherheit nicht gleichgültig. Natürlich hat auch ihn, wie die meisten seiner Kommilitonen, die Französische Revolution begeistert oder zumindest irritiert. Doch hat er sich bald von der Gegenwart entfernt: Sie war seine Zeit nicht mehr. Wie sein Hyperion blieb er »auf der Erd' ein Fremdling«, die Zeitgenossen hielt er für »Barbaren von alters her«.

Mit den Jahren wurde die Zukunft, die ersehnte und erträumte, zu seiner Epoche. Unter den Klassikern der deutschen Literatur ist er der Seher, der größte, wahrscheinlich der einzige. Er war ein Poet und ein Prophet zugleich. Und die Vergangenheit, die antike zumal, die er, so will es doch scheinen, immer wieder beschworen hat? In Wirklichkeit war sie sein Thema nicht. Vielmehr diente sie ihm als Fundus, von dem er reichlich profitierte, als Schatzkammer, aus der er jene Elemente bezog, die er für seine Zukunftsvision benötigte – die Figuren und die Schauplätze, die Motive und die Requisiten.

Von den Göttern sagte er, daß sie zwar leben, »aber über dem Haupt droben in anderer Welt«. Auch er lebte in einer anderen Welt – auf der Erde zwar, doch auch in den Wolken. Als ihn seine Krankheit von der Wirklichkeit zunächst entfernte und dann endgültig löste, da war er noch am Neckar und schon dort, wohin ihm keiner folgen konnte: er, der das Tiefste gedacht, das Lebendigste geliebt und das Dunkelste gedichtet hatte.

Aber ein »Hüter des heiligen Feuers«, wie man es ihm bisweilen nachrühmte, war er niemals. Er hat nichts gehütet, es sei denn sein Verhängnis: Letztlich wollte er nichts anderes ausdrücken, nichts anderes besingen als seine Existenz, seinen Lebensentwurf. Was er auch dichtete, er sprach in eigener Sache – von seiner Liebe und Not, von seinem Glück und Elend. In seinem Werk stehen die Mauern sprachlos und kalt, es klirren die Fahnen, die Wetterfahnen – und mit ihnen klirren die Ketten, an denen er riß und zerrte und von denen er sich nie befreien konnte. Es ist ihm alles kläglich mißlungen – nur nicht die Poesie.

Sie, die Dichtkunst, war sein Beruf und seine Berufung, sie hielt er für seine einzige Aufgabe, in ihr sah er sein »freundlich Asyl« und des Lebens Sinn und Inhalt. Bloß sie, meinte er, rechtfertige das Dasein. Er glaubte an die Erlösung durch die Poesie. Das war sein fortwährendes Postulat, sein flammendes Programm.

Die berühmte Frage »Wozu Dichter in dürftiger Zeit?« sollte seine Leser, die er freilich kaum hatte, wachrütteln und provozieren. Es war, versteht sich, eine rhetorische Frage. Denn daß die Dichter gerade in dürftiger Zeit gebraucht werden, daran hat er nie gezweifelt, daß sie es sind, die das Bleibende stiften, das war seine Überzeugung, ja seine Heilsbotschaft. Als er nicht mehr dichten konnte, stellte er sachlich fest: »Ich bin nichts mehr, ich lebe nicht mehr gerne.« So gehört denn die Poesie selber zu den wichtigsten Themen seiner Poesie.

Die Ode »An die Parzen«, geschrieben 1798 in Frankfurt am Main, ist, wie viele seiner Gedichte, ein Gebet. Der es spricht, wendet sich an die Schicksalsgöttinnen, die über die Lebensdauer des einzelnen entscheiden. Nur ein Begehren hat er: Die Parzen, die Gewaltigen, mögen ihm die Zeit gönnen, die unentbehrlich ist, damit sein Gesang reif werde.

Wie seine Gedanken an die Liebe immer eschatologisch gefärbt und bestimmt sind, so liegt auch seiner Idee vom Dichter das Bewußtsein von den Letzten Dingen zugrunde. In jeder der drei Strophen dieser Ode ist vom Tod die Rede. Wem das süße Spiel, der Gesang also, gelungen, dessen Herz stirbt williger: Er kann sich mit seiner Vergänglichkeit abfinden. Ihm ist seine Nichtexistenz – die Stille der Schattenwelt – sogar willkommen.

Obwohl ihn sein Saitenspiel nicht mehr hinab in den Orkus geleitet, obwohl dort seine Kunst nicht existiert oder zumindest für ihn, den Künstler, nicht mehr wahrnehmbar ist, wird er doch »zufrieden« sein. Denn einmal wenigstens lebte er wie die Götter. Dies aber ist nicht als Befund zu verstehen, sondern als Wunsch: Er, der Poet, der »das Heil'ge« vollbracht, das vollkommene Gedicht, er hat alles erreicht, was ein Mensch erreichen kann; so gleicht er einem Gott. Mit anderen Worten: Nur der

Kunst verdankt die Seele ihre göttliche Existenz. Oder auch: Die Kunst ist es, die unser Dasein erträglich machen kann. So verbirgt sich im Gebet des Künstlers ein Gleichnis menschlichen Sehnens und Strebens.

Die Ode »An die Parzen« gehört zu den Wundern in deutscher Sprache. Aus ihr sprechen Stolz und Selbstbewußtsein, doch ohne Dünkel und Anmaßung. Mächtig ist die Emphase und dennoch frei von Übermut. Das Pathos läßt sich nicht überbieten und ist doch weder laut noch aufdringlich. Gefühl und Gedanke – hier bilden sie eine vollkommene Einheit. Die makellose Harmonie von Ton und Bild – hier ist sie verwirklicht.

Es mag nicht einfach sein, diesen so anspruchsvollen Dichter zu lieben. Aber es ist unmöglich, ihn nicht zu bewundern, es ist schwierig, ihn nicht zu verehren, ihn, Friedrich Hölderlin.

(1994)

HEINRICH HEINE
EIN JÜNGLING LIEBT EIN MÄDCHEN

Ein Jüngling liebt ein Mädchen,
Die hat einen andern erwählt;
Der andre liebt eine andre,
Und hat sich mit dieser vermählt.

Das Mädchen heiratet aus Ärger
Den ersten besten Mann,
Der ihr in den Weg gelaufen;
Der Jüngling ist übel dran.

Es ist eine alte Geschichte,
Doch bleibt sie immer neu;
Und wem sie just passieret,
Dem bricht das Herz entzwei.

DIE ALTE GESCHICHTE

Heine, der Panerotiker, dem man gerne nachsagt, er sei der frivolste deutsche Dichter, war in Wirklichkeit der diskreteste: So wissen wir über die erotischen Erlebnisse, die seinen Versen zugrunde lagen, so gut wie nichts. Zu den wenigen Ausnahmen gehört das Gedicht »Ein Jüngling liebt ein Mädchen« aus dem »Lyrischen Intermezzo«.

Die Sache ist längst geklärt: Der junge Heine liebte seine Hamburger Cousine Amalie, die von ihm nichts wissen wollte, da sie in einen anderen verliebt war; dieser wiederum gab einem anderen Mädchen den Vorzug – weshalb die verärgerte Amalie eiligst einen John Friedländer aus Ostpreußen heiratete. Heine ging leer aus und war, wie man sich denken kann, enttäuscht und verbittert. Er hat sich darüber in Briefen an Freunde mehrfach geäußert – nicht sehr ausführlich, doch unmißverständlich.

Das Gedicht erzählt den Vorgang. Aber die Darstellung ist ungewöhnlich. Denn hier wird nicht beschrieben oder geschildert, hier werden nur Mitteilungen aneinandergereiht, hier wird referiert. Noch knapper und sachlicher geht es nicht: Für eine Affäre, in die immerhin fünf Personen verstrickt waren, braucht Heine nur zwei Strophen mit insgesamt acht kurzen Versen. Das poetische

Vokabular, von dem er damals, um 1822, reichlich Gebrauch machte, wird vermieden. Hier finden wir kein Mondlicht, keinen Abendglanz, keine Morgensonne und weder Wald noch Flur, weder liebliche Blumen noch schattige Bäume. Nichts erfahren wir über des Mädchens Äugelein und Wängelein und Händchen klein.

Verwendet werden nur die gebräuchlichsten Worte, die Worte des prosaischen Alltags. Der Autor berichtet kühl und gleichgültig – so auffallend kühl und so betont sachlich, daß man gleich vermutet, er wolle etwas verbergen. Die kurzen Feststellungen ergeben einen Duktus, den man später Telegrammstil nennen wird. Was sie zur Folge haben, dafür hat die deutsche Sprache (ein interessanter Umstand!) kein Wort zur Verfügung. Wir müssen uns mit einem Fremdwort behelfen: *Understatement.* Das Fazit macht dann ganz deutlich: In den beiden informierenden Strophen haben wir es mit einem schreienden *Understatement* zu tun.

Diese Geschichte sei alt und banal, doch gleichwohl neu – für jenen nämlich, der sie erleben muß. Denn der Schmerz verdrängt alle anderen Regungen. Und die Tatsache, daß Millionen ähnliches erlitten haben und gleichzeitig erleiden, ist kein Trost. Wen es betrifft, richtiger: trifft, dem (erst jetzt gibt es als Schlußakkord ein poetisches Bild) bricht das Herz entzwei. Den harten männlichen Reimen, die die Ordnung vortäuschen *(erwählt – vermählt, Mann – dran),* folgt in der dritten Strophe nur ein Halbreim. Wenn ihm aber daran gelegen wäre, dann hätte Heine einen reinen Reim auf »neu« schon gefunden. Aber hier wollte er den unreinen, eben den Halbreim haben. Das Reimwort, das er wählt – *entzwei* – klingt wie ein Verzweiflungsruf: Es lehnt sich gegen die Harmonie auf.

Der erste Vers der letzten Strophe ist übrigens ein Selbstzitat: Im Brief an einen Freund, dem er über Amalie schrieb, bezeichnete er sie als »die Klippe, woran mein Verstand gescheitert ist«. Und fügte hinzu: »Es ist eine alte Geschichte.« Gescheitert? Ja, denn die Liebe »sieht mit dem Gemüt, nicht mit den Augen. Und ihr Gemüt kann nie zum Urteil taugen«. Das stammt von jenem, dessen Werk Heine »das weltliche Evangelium« nannte: von Shakespeare.

Von den vielen Komponisten, die Heines Lieder vertont haben, gebührt Robert Schumann die Palme. Doch das Gedicht »Ein Jüngling liebt ein Mädchen« (wohl nur dieses einzige) hat er leider mißverstanden.

Das Tempo des Liedes hat er nicht bestimmt, so daß es stets flott und munter gesungen wird – und es läßt sich gar nicht anders singen. Den düsteren, den alarmierenden Hintergrund hören wir sowenig wie den Aufschrei des Liebenden. Die zwischen den Zeilen verborgene Dramatik hat Schumann übersehen. Da hilft auch nicht das Ritardando bei *wem sie just passieret.* Nach den letzten Worten kehrt die Begleitung sofort zum ursprünglichen Zeitmaß zurück, dem raschen, dem heiteren.

Schumann hat viele Gedichte Heines noch schöner und noch reicher gemacht, dieses jedoch ärmer. Aber es ist vollkommen – ohne Musik.

(1997)

HEINRICH HEINE
LEISE ZIEHT DURCH MEIN GEMÜT

Leise zieht durch mein Gemüt
Liebliches Geläute.
Klinge, kleines Frühlingslied,
Kling hinaus ins Weite.

Kling hinaus, bis an das Haus,
Wo die Blumen sprießen,
Wenn du eine Rose schaust,
Sag, ich laß sie grüßen.

EINE HERRLICHE BAGATELLE

Dieses Gedicht bedarf nicht der geringsten Erklärung. Es erzählt von einem Frühlingslied, das ins Weite hinausklingen möge, bis an ein bestimmtes Haus, »wo die Blumen sprießen«; und wenn es dort eine Rose finde, dann solle es sie grüßen – von jenem, der es auf den Weg geschickt hat. Das ist alles. Dreimal verwendet Heine in den acht Versen das Verbum »klingen«. Das eben ist diese poetische Miniatur: Klang, Rhythmus und Melodie, es ist »liebliches Geläute«. Nur liebliches Geläute, schwebend, anspruchslos und ein wenig konventionell? Eine hübsche Bagatelle also und nicht mehr?

Die Verse sind in einem wichtigen, einem folgenreichen Jahr im Leben Heines entstanden: 1831. Er hatte damals beschlossen, nach Frankreich umzuziehen und sich in Paris niederzulassen. Die Entscheidung, sich von dem Land seiner Sprache zu trennen, war ihm zwar schwergefallen, doch bedauert hat er sie nie. Gewiß, hier wie dort galt er als ein Außenseiter, als ein Fremdling. Aber unter den Deutschen war er ein Jude, unter den Franzosen ein Deutscher. Mit anderen Worten: In Deutschland gehörte er zu den Ausgestoßenen, in Frankreich zu den Ausländern.

In Heines »Buch der Lieder«, das vier Jahre vor dem Gedicht »Leise zieht durch mein Gemüt« veröffentlicht wurde, steht die Liebe im Mittelpunkt, beinahe immer die unglückliche Liebe. Denn zwischen und hinter den Versen der berühmten Sammlung verbirgt sich das Leid eines jungen Menschen, der, in die deutsche Welt hineingeboren, von ihr angenommen werden möchte. Wir hören von einem Neuankömmling in der Gesellschaft, dem man die Gleichberechtigung verweigert, der verschmäht und zurückgewiesen wird, der allein und einsam bleibt. Diese besondere Situation des Juden Heine verleiht seiner frühen erotischen Lyrik ihre Trauer und ihre scharfen Akzente, ihren Gram und ihren Groll. Ihr zugleich verdankt sie ihren Reiz und ihre Eigenart.

Das Lied »Leise zieht durch mein Gemüt« behandelt ebenfalls das zentrale Motiv des »Buchs der Lieder«, doch jetzt auf andere Art. Blumen gehören zu den ältesten Symbolen der Weltliteratur, Rosen zu den beliebtesten: Wenn von ihnen in der Poesie die Rede ist, hat der Autor (natürlich nicht immer, aber sehr häufig) Frauen im Sinn und die Liebe. Das trifft auch auf unser Gedicht zu. Denn warum sonst sollte jener, der hier spricht, an einer Rose so sehr interessiert sein, daß er ihr ein Lied wie eine Brieftaube senden möchte?

Das Frühlingslied ist also beides in einem: der Postillon d'Amour und die offenkundig zarte Botschaft, die überbracht werden soll. Ähnliches war schon im »Buch der Lieder« zu lesen. Aber das Lebensgefühl, das hier zutage tritt, ist ungleich milder und sanfter als früher, von Bitternis, von Unmut oder Zorn gibt es im Gedicht »Leise zieht durch mein Gemüt« keine Spur mehr. Das hat, glaube ich, mit Heines Entscheidung von 1831 zu tun. Ob diese so harmlos anmutenden Verse kurz vor seiner Umsiedlung nach Frankreich entstanden sind oder kurz danach – auf jeden Fall vernehmen wir die Stimme nicht mehr jenes Unglücklichen, der sich lauthals und bisweilen schrill beklagte, er habe die Liebe vergeblich gesucht und vergeblich die Hände ausgestreckt, die Antwort sei stets nur Haß gewesen. Würde ihn auch jene Schöne abweisen, die ihm unter allen Blumen die Rose, unter allen Frauen die allerschönste scheint? Er will es nicht darauf ankommen lassen, er will nicht vor ihrer Tür stehen oder zu ihrem Fenster hinaufblicken. Ihm genügt es, wenn sein Frühlingslied sie erreicht. Das übrige wird sich schon von selbst ergeben – oder auch nicht. Nur: Ob sein Gruß erwidert werden wird, kann er gelassen abwarten.

So zeugt das Gedicht von einem anderen, einem neuen Abschnitt im Leben Heinrich Heines, von seiner nach vielen Niederlagen erlangten Selbstsicherheit und Souveränität, von seiner endlich gewonnenen Freiheit. Muß man den biographischen Hintergrund kennen, um von dem Gedicht entzückt zu sein? Nein, aber es kann auch nicht schaden. Die kaum zu überbietende Popularität dieser Verse hängt freilich in erster Linie mit ihrer sprachlichen Vollendung zusammen, mit ihrem Charme und ihrer Grazie – und übrigens auch mit der Vertonung, die von Felix Mendelssohn Bartholdy stammt. Es ist eine Bagatelle, jawohl, aber eine herrliche Bagatelle.

(1999)

THEODOR STORM
LIED DES HARFENMÄDCHENS

Heute, nur heute
Bin ich so schön;
Morgen, ach morgen
Muß Alles vergehn!
Nur diese Stunde
Bist du noch mein;
Sterben, ach sterben
Soll ich allein.

SPIEGEL UNSERER SEELE

Er gehörte zu meinen literarischen Jugenderlebnissen: Ich bewunderte seine Novellistik, und ich habe mich sofort (ich war vierzehn Jahre alt) in einige seiner Gedichte verliebt. Ein großer Dichter – meinte Fontane – war er, Theodor Storm, wohl nicht, doch »ein liebenswürdiger durch und durch, und, wenn der Ausdruck gestattet ist, ein recht poetischer Poet«. Das mag etwas schlampig formuliert sein, aber es trifft ins Schwarze.

Er schrieb keine Epen, keine mächtigen Oden, keine gewaltigen Hymnen. Seine Verse sind still und scheu, herb und herzlich. In ihnen gibt es keine ärgerlichen Klänge. keine falschen Töne: Diese Lyrik ist (man sehe mir die oft mißbrauchten Worte nach) innig und innerlich, wehmütig, doch nicht wehleidig – wie die zartesten, die schönsten deutschen Volkslieder.

Daseinsbejahung war Storms Sache nicht, das Glück und die Freude, den Erfolg und den Sieg hat er fast nie besungen. In seiner kleinen Welt scheinen Sonne, Mond und Sterne, gewiß, nur bleibt ihr Licht gedämpft. Denn das Naturphänomen, das es ihm vor allem angetan hat, ist der Nebel, der undurchsichtige und unerbittliche, der reale und der symbolische. Seine nordischen Elegien schämen sich des Provinziellen nicht, ihr Thema ist das bittere Los des Menschen, also die große Vergeblichkeit.

Die Lektüre Storms habe ich mit jener düsteren und doch milden Idylle begonnen, die sich hier und da dem Sentimentalen nähert – mit der Novelle »Immensee« aus dem Jahre 1850. Sie rührte mich, aber was mich aufschreckte, war nicht diese Liebesgeschichte, vielmehr ein Lied, das in ihr vorkommt, gesungen von einem »Zithermädchen mit zigeunerhaften Zügen«. Storm hat es später, als er es in seinen ersten Lyrikband aufnahm, mit einer das Instrument ein wenig nobilitierenden Überschrift versehen: »Lied des Harfenmädchens«.

Ich zögere nicht, dieses Gedicht zu den schönsten poetischen Gebilden in deutscher Sprache zu zählen. Seine Wirkung hängt zunächst mit dem zusammen, was es ausspart, was in ihm nicht enthalten ist. Es besteht aus nur 26 Worten. Sie bieten uns vier lapidare Feststellungen und – um es gleich zu sagen – keinen neuen oder selbständigen Gedanken. Woher die sanfte Kraft dieses Gedichts? Natürlich: vom Stil.

In diesen Versen ist alles vermieden, was auch nur im entferntesten an etwas Feinsinniges erinnern würde, in ihnen gibt es kein einziges Bild und keinen einzigen Ausdruck, die der Leser als poetisch empfinden könnte. Und Storm verzichtet auch auf die von den meisten Lyrikern so geliebten Eigenschaftswörter (mit einer einzigen Ausnahme: »schön«), er verwendet ausschließlich die gebräuchlichsten Vokabeln der Alltagssprache.

So haben wir es mit maximaler Selbstbeschränkung zu tun. Es gehen aber in der Dichtung derartige Verknappungen oft auf Kosten der Natürlichkeit der Sprache und der Melodik der Verse. Davon kann bei Storm nicht die Rede sein, diese poetische Miniatur kennt keine Künstlichkeit. Im Gegenteil: Noch leichter und lockerer läßt sich das Deutsche nicht handhaben, und der Wohlklang ist in diesen acht Zeilen so unauffällig wie vollkommen.

Was uns der Autor zu sagen hat? Nun, das Leben des Menschen sei vergänglich, und wir fürchteten den Tod, den einsamen zumal. Das ist alles – und wir wußten es längst. Wozu also Gedichte, die uns weiter nichts mitzuteilen haben? Wir brauchen sie, damit sie uns unsere Empfindungen und Leiden, unsere Hoffnungen und Ängste bewußt und erkennbar machen. Wir brauchen Gedichte, in denen wir uns wiederfinden können, Gedichte, die sich, um ein großes Wort zu riskieren, als Spiegel unserer Seele verwenden lassen.

»Heute«, »morgen« und »sterben« – drei Worte bilden die Achse des Liedes, und sie reichen aus, um zu vergegenwärtigen, was Storm vergegenwärtigen will. Ihre zentrale Rolle deutet er mit dem einfachsten und zugleich wirkungsvollsten Mittel an: Er wiederholt jedes der Schlüsselworte, jeweils nur eine Silbe zwischen sie stellend. Überdies folgen die drei Verse dem gleichen Muster: »Heute, nur heute... Morgen, ach morgen... Sterben, ach sterben«. Ob sich vielleicht in der Wiederholung des Schemas das Geheimnis des Zaubers verbirgt, der von diesem Lied ausgeht?

Jedenfalls kenne ich kein schlichteres Gedicht in deutscher Sprache. Dennoch ist es in höchstem Maße originell. Dennoch? Nein. Storms »Lied des Harfenmädchens« verdankt seine Originalität der einzigartigen Schlichtheit.

(2000)

FRIEDRICH HEBBEL
WENN DIE ROSEN EWIG BLÜHTEN . . .

Wenn die Rosen ewig blühten,
Die man nicht vom Stock gebrochen,
Würden sich die Mädchen hüten,
Wenn die Bursche nächtlich pochen.

Aber, da der Sturm vernichtet,
Was die Finger übrigließen,
Fühlen sie sich nicht verpflichtet,
Ihre Kammern zu verschließen.

DIE KAMMERN DER MÄDCHEN WERDEN NICHT VERSCHLOSSEN

Gegen Ende des neunzehnten Jahrhunderts galt Hebbel als der jüngste, der letzte der deutschen Klassiker. Vieles aus seiner Feder wurde geschätzt, manches sogar, die Tagebücher zumal, bewundert. Aber wurde er je geliebt? Seine Werke seien, hieß es immer wieder, spekulativ, kalt und konstruiert. Nicht das Sinnliche und Anschauliche dominiere bei ihm, sondern das Gedankliche und Weltanschauliche, oft ist vom Grüblerischen die Rede. Das trifft schon zu, und es fällt mir schwer, an eine Hebbel-Renaissance zu glauben. Nur sollte man nicht vergessen, daß er zu den exemplarischen Autoren des neunzehnten Jahrhunderts gehört.

Der Tradition verpflichtet, war er keineswegs altmodisch. Sein Drama verdankt viel den deutschen Klassikern, weist aber zugleich auf Ibsen voraus. Es gibt bei ihm Gedichte, die an Mörike erinnern (freilich ohne dessen wunderbare Sanftheit) und an Heine (freilich ohne dessen Witz), und andere, die an das frühe zwanzigste Jahrhundert denken lassen, mitunter wird man von Rilke-Tönen überrascht. Sicher ist: Seiner Lyrik geschieht ein Unrecht. Sie wurde schon vor hundert Jahren unterschätzt und wird es heute erst recht. Gewiß, in größeren Anthologien gibt es auch für ihn Platz, fast immer für dieselben vier oder fünf (sehr schönen) Gedichte, für das »Herbstbild« und das »Sommerbild«, für das »Nachtlied« und das »Abendgefühl«.

Ich will hier eine Lanze brechen für Hebbels Lyrik, und dies mit Hilfe eines so unbekannten Gedichts, daß man es sogar in der 1965 im Hanser Verlag erschienenen fünfbändigen Ausgabe seiner »Werke« vergeblich sucht. Aber ich will gleich zugeben, daß ich in diesem Fall befangen bin. Die Sache ist die: Ich war fünfzehn Jahre alt, als mir in einem alten Hebbel-Band sein Gedicht »Wenn die Rosen ewig blühten...« auffiel. Ich habe es in den seitdem verstrichenen über sechzig Jahren nicht vergessen.

Was hat mich damals so beeindruckt? Wohl zunächst Eigenschaften, auf die die Lyrik nicht angewiesen ist und von denen die Seher unter den deutschen Poeten nichts wissen wollten: die Klarheit, meine ich, und die Logik.

Die einfache These des Gedichts lautet: Da das Leben vergänglich ist, haben die Mädchen keine Bedenken, die Burschen in ihre Kammern einzulassen. Ob Hebbel dies für bedauerlich oder für empfehlenswert hält, verrät er uns nicht. Er sagt nur: So ist es. Nun findet sich dieser Gedanke in zahllosen Versen, im Mittelalter ebenso wie in der Antike. Auch das Motiv, das hier die Vergänglichkeit veranschaulicht – das Verblühen der Blumen –, ist uralt. Also ein banales Gedicht? Schwamm drüber?

Die meisten Gedichte, die Elementares ausdrücken, sind gedanklich trivial. Wenn es aber unter ihnen auch solche gibt, die uns noch nach Jahrhunderten, ja nach Jahrtausenden rühren, so hat es nur mit ihrem dichterischen Reiz zu tun, einem Reiz, der die Lyrik von der Prosa unterscheidet und der sich letztlich einer überzeugenden Definition entzieht. Überdies: Wer ganz Schlichtes poetisch formulieren möchte, ist gut beraten, sich einer möglichst schlichten, unauffälligen Sprache zu bedienen und auch eine möglichst schlichte Form zu wählen.

Alle Worte dieser Verse entstammen dem Alltag, keine Wendung ist erkünstelt, kein Reim ist erzwungen. Das Gedicht besteht aus klaren Feststellungen und einfachen Mitteilungen. Die Form hat Hebbel übernommen – von Eichendorff, Heine, Mörike und von vielen anderen, Goethe natürlich nicht ausgeschlossen: Es ist die vierzeilige im deutschen Volkslied besonders beliebte Strophe mit dem Kreuzreim, also a-b-a-b in der ersten Strophe und c-d-c-d in der zweiten.

Hebbels Kunst zeigt sich vor allem in der Stimmung des Gedichts: Es ist elegisch und schwermütig, seine Melodie zeugt von Resignation. Der Mensch ist, wie es schon in den Psalmen heißt, nur »ein Gast auf Erden« – damit müssen wir uns abfinden. Aber wir dürfen uns von niemandem und von keiner Institution hindern lassen, aus dieser bitteren Erkenntnis die Folgerung zu ziehen. Denn wir wollen glücklich sein – hienieden und nicht erst im Himmelreich. Daher werden die Kammern der Mädchen, wenn die Burschen nächtlich pochen, gern geöffnet.

Daß wir nur einmal auf Erden sind, dieser Einsicht und dem, was sich aus ihr ergibt oder ergeben sollte, verhilft das kleine Gedicht, das wie ein Volkslied anmutet, zur einleuchtenden, ja zur leuchtenden Wirkung.

(1999)

RICHARD WAGNER
EIN RUNDES, EIN SCHÖNES GEDICHT

Mein Freund! In holder Jugendzeit,
wenn uns von mächt'gen Trieben
zum sel'gen ersten Lieben
die Brust sich schwellet hoch und weit
ein schönes Lied zu singen
mocht' vielen da gelingen:
der Lenz, der sang für sie.

Kam Sommer, Herbst und Winterzeit,
viel Not und Sorg' im Leben,
manch ehlich Glück daneben,
Kindtauf', Geschäfte, Zwist und Streit:
denen's dann noch will gelingen,
ein schönes Lied zu singen,
seht, Meister nennt man die.

ALLER ANFANG IST LEICHT

Ein rundes, ein schönes Gedicht von Richard Wagner? In der Tat, das gibt es. Allerdings ist es versteckt, wenn auch an einer keineswegs entlegenen Stelle. Es geht um den Ritter Walther von Stolzing, der unlängst aus dem Frankenland nach Nürnberg gekommen ist. Er möchte dringend das Fräulein Pogner ehelichen, welches fatalerweise schon einem anderen versprochen ist, einem nämlich, der ein öffentliches Wettsingen gewinnen werde. Sie wird also von ihrem ehrgeizigen Vater als Preispokal mißbraucht, was übrigens den Nürnberger Feministinnen des 16. Jahrhunderts gar nicht gefallen hat.
Für den Rittersmann gibt es nur eine Chance: Auch er muß an dem geplanten Wettbewerb teilnehmen und ihn natürlich gewinnen. Die Sache hat einen Haken: Er hat die Prüfung, das Probesingen am Vortag in der Kirche, nicht bestanden. Sein Lied war für die Meistersinger – und ohne sie läuft in Nürnberg nichts – zu feurig, zu stürmisch und, vor allem, zu modern.
Aber der Ritter hat Glück: Er findet einen Bewunderer, der sich in den Kopf gesetzt hat, zwischen dem Neuankömmling und dem städtischen Kulturbetrieb zu vermitteln. Hans Sachs ist es, der nun als Stolzings Mentor und Impresario fungiert. Er will, daß der schmucke Rittersmann ein Lied dichtet und komponiert, das von

seiner künstlerischen Eigenart zeugen würde und das dennoch den Meistern und womöglich auch dem Volk gefallen könnte. Er soll nicht nur ein schönes Lied verfertigen, sondern zugleich ein Meisterlied. Da fragt es sich, was das denn eigentlich sei – ein Meisterlied? Das möchte Stolzing wissen – und wir auch.

Sachs formuliert seine Antwort in einem Gedicht, das, aus zwei siebenzeiligen gereimten Liedstrophen besteht. Was er zu sagen hat, ist ganz einfach: Die beliebte Wendung »Aller Anfang ist schwer« wird von ihm außer Kraft gesetzt. Für die Dichter, für die Künstler gelte oft gerade das Umgekehrte. In holder Jugendzeit, da sei schon vielen ein schönes Lied gelungen, denn: »der Lenz, der sang für sie«. Jene, die später, also nach dem frühen Erfolg, trotz der Sorgen und Widrigkeiten im täglichen Leben der Dichtung treu bleiben und weiterhin schöne Lieder singen, die erst, meinen Richard Wagner und Hans Sachs, hätten sich als Meister bewährt. Haben sie recht?

Viele Autoren schaffen ein erstes Buch von beachtlicher oder sogar wunderbarer Qualität, haben dann jedoch große Schwierigkeiten, den frühen Erfolg einzuholen. Er hat in der Regel zwei Ursachen. Ja ist zunächst ein Grunderlebnis des angehenden Schriftstellers (Liebe, Krieg, Vater-Sohn-Konflikt und ähnliches), dem jugendliche Frische und Unmittelbarkeit des Ausdrucks zur Wirkung verhelfen. Kurz: Beim Debüt, da hat dem Autor der Lenz geholfen.

Stimmt das? Hier gleich drei Beispiele auf der Ebene unserer Klassiker: Goethes »Werther«, Heines »Buch der Lieder«, Thomas Manns »Buddenbrooks«. Es hat viele Jahre gedauert, bis Goethe und Thomas Mann wieder einen Roman von größtem Format veröffentlichen konnten. Kein Wort des Lobes über die »Wahlverwandtschaften« und den »Zauberberg« ist zuviel. Aber die Energie und die Spannkraft der jugendlichen Erstlinge kann man ihnen nicht mehr nachrühmen. Von Heine gibt es bessere und tiefere Verse als die frühen Gedichte, die er im »Buch der Lieder« zusammengefaßt hat. Aber gibt es auch schönere und erfolgreichere? Sicher ist: In allen drei Fällen war der Lenz im Spiel. Vielleicht trifft das auch auf das Werk eines zeitgenössischen Klassikers zu. Ich meine die »Blechtrommel«.

Es mag nicht ganz einfach sein, sich mit dem betulichen und etwas altbackenen Vokabular dieses Wagner-Gedichts abzufinden. Was immer er war – ein moderner Sprachkünstler war er bestimmt nicht. Doch zuviel klagen sollten wir nicht, denn das »Meistersinger«-Libretto, ein Glanzstück dieser Gattung, ist zumindest in stilistischer Hinsicht dem »Tristan«-Libretto haushoch überlegen. Wie auch immer: Mir gefällt diese weise, diese nachdenkliche Belehrung, ich halte sie für einen der poetischen Höhepunkte der »Meistersinger«. Wagner, dieser geniale Halunke, er konnte, wenn ihm daran lag, auch ein rundes, ein schönes Gedicht schreiben.

(2001)

THEODOR FONTANE
AN MEINEM FÜNFUNDSIEBZIGSTEN

Hundert Briefe sind angekommen,
Ich war vor Freude wie benommen,
Nur etwas verwundert über die Namen
Und über die Plätze, woher sie kamen.

Ich dachte, von Eitelkeit eingesungen:
Du bist der Mann der »Wanderungen«,
Du bist der Mann der märk'schen Geschichte,
Du bist der Mann der märk'schen Gedichte,
Du bist der Mann des Alten Fritzen
Und derer, die mit ihm bei Tafel sitzen,
Einige plaudernd, andre stumm,
Erst in Sanssouci, dann in Elysium;
Du bist der Mann der Jagow und Lochow,
Der Stechow und Bredow, der Quitzow und Rochow,
Du kanntest keine größeren Meriten
Als die von Schwerin und vom alten Zieten,
Du fandst in der Welt nichts so zu rühmen,
Als Oppen und Groeben und Kracht und Thümen;
An der Schlachten und meiner Begeisterung Spitze
Marschierten die Pfuels und Itzenplitze,
Marschierten aus Uckermark, Havelland, Barnim
Die Ribbecks und Kattes, die Bülow und Arnim,

Marschierten die Treskows und Schlieffen und Schlieben –
Und über alle hab' ich geschrieben.
Aber die zum Jubeltag da kamen,
Das waren doch sehr, sehr andre Namen,
Auch »sans peur et reproche«, ohne Furcht und Tadel,
Aber fast schon von prähistorischem Adel:
Die auf »berg« und auf »heim« sind gar nicht zu fassen,
Sie stürmen ein in ganzen Massen,
Meyers kommen in Bataillonen,
Auch Pollacks und die noch östlicher wohnen;
Abram, Isack, Israel,
Alle Patriarchen sind zur Stell',
Stellen mich freundlich an ihre Spitze,
Was sollen mir da noch die Itzenplitze!
Jedem bin ich was gewesen,
Alle haben sie mich gelesen,
Alle kannten mich lange schon,
Und das ist die Hauptsache..., »kommen Sie, Cohn«.

ABRAM, ISACK, ISRAEL

Das ist der Inhalt dieses Gedichts: Ich, Theodor Fontane, habe ein Leben lang die Mark Brandenburg und den preußischen Adel besungen, doch an meinem Jubeltag, dem fünfundsiebzigsten Geburtstag, waren die, die ich so gerühmt habe, allesamt abwesend, aber andere, die meine Bücher kennen, sind sehr wohl gekommen, die Juden nämlich. Ist das alles, was er sagen wollte? Jawohl, das ist alles. Sein Gedicht jedoch, gar nicht kurz, umfaßt vierzig Verse. Also vielleicht doch etwas zu redselig? Nein, eben nicht – hier ist kein Vers überflüssig, kein Wort zuviel.

Fontane und der preußische Adel – das ist die Geschichte einer unglücklichen Liebe, die sein Dasein nicht selten verdüsterte. Denn er hat die Aristokratie unermüdlich umworben, er war in sie nahezu vernarrt. Aber diese Zuneigung, diese Passion wurde ihm mit Gleichgültigkeit vergolten. Weil er jene, die er bewunderte und verherrlichte, zugleich nüchtern und skeptisch sah? Weil es die Spannung zwischen Sympathie und Zweifel war, die stets seine Sicht bestimmte? Weil er sich von der Liebe nicht blenden ließ und den Adligen mitunter sagte, was sie, wenn sie ihn überhaupt lasen, nicht hören wollten? Daß sie sich an seinem Jubeltag nicht blicken ließen, empfand er als schnöden Undank, als Brüskierung. Darüber beklagt und beschwert er sich in seinem Gedicht. Nur ist es eine Beschwerde ohne Selbstmitleid, eine Klage ohne Pathos und Larmoyanz. Um all dies zu vermeiden, wählt Fontane die einfachste Form: Er erzählt, indem er aufzählt.

Zunächst wird der Alte Fritz genannt, dem, immerhin, einige freundliche Worte gewidmet sind. Dann folgen die Namen von einundzwanzig preußischen Familien. Karg ist die Aufzählung, es gibt hier kein Adjektiv (bei Zieten gehört es zum Namen), wir erfahren bloß – dies aber gleich dreimal –, daß diese Geschlechter *An der Schlachten und meiner Begeisterung Spitze / Marschierten.* Dem entspricht die hämmernde Litanei dieser zweiten Strophe, der forsche Marschrhythmus, den Fontane im letzten Vers (mit gutem Grund) nicht mehr anwendet: *Und über alle hab' ich geschrieben.*

Langsam und nachdenklich, der Tempowechsel ist unverkennbar, beginnt die dritte Strophe. Wieder dominiert eine Aufzählung, doch den strammen, schneidigen Rhythmus gibt es nicht mehr. Die, von denen jetzt die Rede ist, stürmen zwar ein *in ganzen Massen,* sie *kommen in Bataillonen,* aber der militärische Wortschatz ist nur noch bare Ironie. Denn die *Abram, Isack, Israel,* die *fast schon von prähistorischem Adel* sind, sie marschieren nicht, sie lesen. Sie sind vom Volk des Buches. Und sie haben ihn, Fontane, lange schon gelesen.

In der Aufforderung *»kommen Sie, Cohn«* vernehmen wir in knappster Formulierung seinen Dank, vielleicht gar seine Rührung. Der hier für die Juden steht, Fritz Theodor Cohn, war Mitinhaber des Verlags von Fontanes Sohn. Übrigens wurde das Gedicht »An meinem Fünfundsiebzigsten« erst nach Fontanes Tod gedruckt. Es hätte, wurde ihm gesagt, die Juden kränken können: Sie seien nur deshalb so willkommen gewesen, weil die adligen Gratulanten ausblieben. Er hat sofort auf die Veröffentlichung verzichtet.

Mit Zitaten läßt sich leicht nachweisen, daß Fontane die deutschen, die Berliner Juden geschätzt hat und in manchem Augenblick drauf und dran war, »ein Dankgebet zu sprechen, daß die Juden überhaupt da sind«. Und mit Zitaten kann man nachweisen, daß sie ihm nicht selten auf die Nerven gingen; in seinen späten Briefen finden sich auch böse, ja gehässige Worte gegen die Juden.

Aber er war weder Philosemit noch Antisemit. Jede einseitige Betrachtung ist hier falsch, schädlich. Er war eine widerspruchsvolle Persönlichkeit, ein Schriftsteller, der, wie sein Dubslav von Stechlin, an »unanfechtbare Wahrheiten nicht glaubte« und gerne alles mit einem Fragezeichen versah. Wir sollten uns hüten, seine Schwächen und Irrtümer zu retuschieren oder zu ignorieren. Was auch gegen Fontane gesagt werden muß: Sein Werk ist »kolossal«.

(1998)

PAUL BOLDT
IN DER WELT

Ich lasse mein Gesicht auf Sterne fallen,
Die wie getroffen auseinander hinken.
Die Wälder wandern mondwärts, schwarze Quallen,
Ins Blaumeer, daraus meine Blicke winken.

Mein Ich ist fort. Es macht die Sternenreise.
Das ist nicht Ich, wovon die Kleider scheinen.
Die Tage sterben weg, die weißen Greise.
Ichlose Nerven sind voll Furcht und weinen.

EIN GESICHT IST AUF DIE STERNE GEFALLEN

Die Dichter des deutschen Expressionismus, hörte ich einmal einen Kollegen spotten, hätten viel im Bauch gehabt und wenig im Kopf. Das ist schnoddrig und natürlich überspitzt; aber ganz falsch ist es nicht. In der Regel jedenfalls möchte das expressionistische Gedicht niemanden belehren oder aufklären, sondern Zustände beschreiben, nicht Gedanken will es formulieren und übermitteln, sondern Gefühle ausdrücken, Ahnungen und Befürchtungen.

Ein Dichter des deutschen Expressionismus war auch der heute nahezu vergessene Paul Boldt, der 1885 in einem kleinen Ort in Westpreußen geboren wurde und 1921 an den Folgen einer Operation starb. Fast alles, was von ihm überliefert ist, entstand in der kurzen Zeitspanne zwischen 1912 und 1914, als er vorwiegend in Berlin lebte, wo er Philologie studierte – offenbar lustlos und halbherzig, denn er gab das Studium im dreizehnten Semester auf. Sein einziger Gedichtband erschien 1914 bei Kurt Wolff: »Junge Pferde! Junge Pferde!« lautet der Titel.

Boldt gehörte zu den Einzelgängern, zu den Verlassenen und den Ausgestoßenen, und noch im Kreis von Außenseitern blieb er ein Außenseiter. Aber er war beides zugleich und auf einmal – ein kräftiger Naturdichter, seiner heimatlichen Landschaft verbunden, und ein feinfühliger Asphaltpoet, irritiert von der modernen Großstadt, zumal von Berlin. Er liebte den deutschen Wald und den deutschen Puff. Er rühmte junge Pferde und junge Bäume, das helle Licht und das finstere Laub, den grünen Klee und die blaue Luft, einsame Pappeln und den Duft der Wiesen, fliegende Fische und die Sonne im Wolkenhut.

Er besang die Liebenden am Abend und am Morgen, in der Nacht und am Tag. Von den Wolken und den Winden träumte er – und er meinte die Fräuleins und die Frauen. Das Ewigweibliche zog ihn hinan und hinab und an der Nase herum. Er pries sie alle: die Mädchen vom Lande und die Huren auf der Straße, die Damen aus den Bars und die aus den Salons. Das Sanfte war sein Element und auch das Pralle, das Zarte und auch das Dralle. Boldts Sinnlichkeit war prägnant, seine Prägnanz poetisch. Lauthals verkündete er: »Schön ist die Wollust!« Was immer er schrieb, es war zum Bersten voll mit Empfindungen und Ängsten, mit Bildern und Gesichten. Dieser Überschwang seiner Gefühle war es wohl, an dem er schließlich zerbrach.

Davon ist die Rede in Boldts Gedicht »In der Welt« aus dem Jahre 1913. Welt? Gerade dieses Wort wird in dem Gedicht ausgespart. Das hat schon seinen guten, seinen traurigen Grund: Hier spricht einer, dem die Welt abhanden gekommen ist und der an seiner Ohnmacht und Ratlosigkeit leidet. Er läßt sein Gesicht auf die Sterne fallen. Wie das? Sie, die Sterne, sind doch über und nicht unter uns. Gewiß, ebendeshalb deutet das überraschende Verbum an, daß für jenen, der sein Gleichgewicht verloren hat, die Welt auf dem Kopf steht.

Aber so ganz schlecht ist es um diesen verlorenen Menschen noch nicht bestellt. Denn es gelingt ihm, für seine Verzweiflung die denkbar knappste Formulierung zu finden: »Mein Ich ist fort.« Es hat sich von ihm abgelöst, dieses Ich, es hat sich auf eine Sternenreise begeben. So ist es in eine andere Welt geraten, eine ebenfalls unheimliche und absurde: In ihr hinken die Sterne auseinander, und die Wälder wandern mondwärts.

Um die Spaltung seiner Persönlichkeit und ihren Zerfall auszudrücken, setzt sich Boldt über die Regeln der Grammatik hinweg. Statt »Das bin nicht Ich« dichtet er »Das ist nicht Ich«. Nein, er ist es nicht, den die Menschen zu sehen glauben, er ist anders, er ist nicht das, wovon seine Kleider zeugen, zu zeugen scheinen. Dagegen kann er nichts tun, wehren kann er sich nicht: Er ist ausgeliefert und nicht Herr seiner Nerven. Es sind »Ichlose Nerven«. Sie fürchten sich und weinen. Boldt war einer, der sich zurufen mußte: »Geh durch die Menge, um Lächeln zu stehlen.«

Manches läßt vermuten, daß er das Lächeln, das er suchte, nie zu finden vermochte. 1914 wurde er Soldat. Doch wußte das Militär mit ihm nichts anzufangen: Man attestierte ihm einen »Verwirrungszustand« und schickte ihn ins Lazarett. Wenig später wurde er aus dem Heer

entlassen. Nach Kriegsschluß begann er wieder zu studieren, diesmal Medizin, und scheiterte abermals.
Hat er, Paul Boldt, die psychische Krankheit vielleicht simuliert? Wir werden es nie erfahren. Sicher ist bloß, daß nichts aus ihm geworden war – nur ein Dichter, ein unglücklicher. Aber gibt es andere Dichter?

(1993)

KURT TUCHOLSKY
DANACH

Es wird nach einem happy end
im Film jewöhnlich abjeblendt.
Man sieht bloß noch in ihre Lippen
den Helden seinen Schnurrbart stippen –
da hat sie nu den Schentelmen.
Na, un denn –?

Denn jehn die beeden brav ins Bett.
Na ja … diß is ja auch janz nett.
A manchmal möcht man doch jern wissn:
Wat tun se, wenn se sich nich kissn?
Die könn ja doch nich imma penn…!
Na, un denn –?

Denn säuselt im Kamin der Wind.
Denn kricht det junge Paar 'n Kind.
Denn kocht sie Milch. Die Milch looft üba.
Denn macht er Krach. Denn weent sie drüba.
Denn wolln sich bede jänzlich trenn…
Na, un denn –?

Denn is det Kind nich uffn Damm.
Denn bleihm die beeden doch zesamm.
Denn quäln se sich noch manche Jahre.

Er will noch wat mit blonde Haare:
vorn doof und hinten minorenn …
Na, un denn –?

Denn sind se alt.
Der Sohn haut ab.
Der Olle macht nu ooch bald schlapp.
Vajessen Kuß und Schnurrbartzeit –
Ach, Menschenskind, wie liecht det weit!
Wie der noch scharf uff Muttern war,
det is schon beinah nich mehr wahr!
Der olle Mann denkt so zurück:
wat hat er nu von seinen Jlück?
Die Ehe war zum jrößten Teile
vabrühte Milch un Langeweile.
Und darum wird beim happy end
im Film jewöhnlich abjeblendt.

DEN BERLINERN AUFS MAUL GESCHAUT

Er war schreibsüchtig. Nur hatte er nicht zuwenig, sondern zuviel zu sagen: Die ihn bedrängende Wortflut konnte er nicht eindämmen, das Mitteilungsbedürfnis kaum zähmen. Das war die Crux des Schriftstellers Kurt Tucholsky.

Zu seinem Werk gehören auch Gedichte, Hunderte, ja Tausende – vor allem Songs und Chansons, Couplets und Bänkellieder. Er verfertigte sie für Kabaretts und Revuetheater, für Illustrierte, für Witzblätter und nicht selten auch für die »Weltbühne«. Diese rasch entstandenen Verse erfreuten und amüsierten sein Publikum und ihn selber. Doch niemand nahm sie ganz ernst, er selber, glaube ich, auch nicht. Damit mag es zusammenhängen, daß sie von der Nachwelt doch wohl etwas unterschätzt werden.

Es läßt sich nicht verschweigen: Oft hat sich Tucholsky in seinen Versen mit billigen Reimen beholfen, er hat Kalauer und Witzeleien nicht verpönt, viele dieser Gedichte sind, um es milde auszudrücken, belanglos. Aber es lassen sich auch solche finden, die beweisen, daß er, der hervorragendste deutsche Feuilletonist des zwanzigsten Jahrhunderts, auch ein Kleinkunsttalent von großem Format war.

Das Gedicht »Danach« stammt aus dem Jahr 1930. Der

Stummfilm hatte gerade (schon gab es den Tonfilm) seinen Höhepunkt erreicht, und damit war auch seine Verlogenheit kaum noch zu überbieten. Warum wird – fragt Tucholsky scheinheilig – nach dem Happy-End im Film gewöhnlich abgeblendet? Seine Antwort ist die Geschichte einer Ehe in fünf Strophen.

Er erzählt, was sich abgespielt hat: Erst das Glück mit Kuß und Bett, dann kommt das Kind und dann der Alltag, der trübe, der kümmerliche. Etwas Abwechslung? Nun ja, der Mann möchte noch was mit einer anderen haben, womöglich mit einer Blonden. Der Sohn verläßt das Haus. Und plötzlich sind die beiden alt und fragen sich, was denn von ihrem Glück geblieben sei. Das sagen uns die letzten vier Zeilen – und sie verdienen es, so oft zitiert zu werden wie die populären Verse unserer Klassiker.

Die Geschichte dieser Ehe wurde millionenfach erlebt, tausendfach beschrieben. Es ist ein alter, ein uralter Hut. Aber in diesem Gedicht ist sie – da schon von Klassikern die Rede war – herrlich wie am ersten Tag. Wie hat das der Tucholsky gemacht? Wie hat er es also geschafft, daß die Geschichte trotz ihrer Banalität uns gar nicht gleichgültig ist, daß sie manchen von uns sogar rührt?

Er hat gewußt, was dieses Thema am meisten gefährdet: Pathos und Sentimentalität. Um beiden zu entgehen, wählt er ein radikales Mittel der Distanzierung und der Verfremdung: Er schreibt das Ganze im Berliner Dialekt, der schnoddrig und nicht gerade vornehm ist, dafür aber den Vorzug hat, pfiffig, immer unfeierlich und höchst anschaulich zu sein.

In diesem Gedicht gibt es keinen einzigen originellen Gedanken und lauter originelle Formulierungen. Es lebt von seinem kessen und doch schwermütigen Humor und, vor allem, von seiner Sprache. Ähnlich wie Gerhart Hauptmann oder Alfred Döblin hat Tucholsky unentwegt, ob er es wollte oder nicht, dem Volk, dem Berliner Volk aufs Maul geschaut – und er hat sie alle belauscht: die Ladenverkäufer und die Straßenbahnschaffner, die Spießbürger und die Lumpenproletarier, die Muttchen und die Nuttchen. Er hat ihre Sprechweise eingefangen und sie oft in seine Verse und in seine Prosa übernommen. Die Treffsicherheit der Sprache Tucholskys zeigt schon das zentrale Bild dieses Gedichts: die »vabrühte Milch« als Symbol des eintönigen, des langweiligen, des kläglichen Alltags der kleinen Leute.

Vor vierzig Jahren habe ich Kurt Tucholsky in der »Welt« in einem Jubiläumsartikel nachdrücklich gelobt und gerühmt. Allerdings schrieb ich in diesem Artikel: »Aber ein Dichter war er nicht.« Ich glaube, das war ein Fehlurteil.

(2001)

BERTOLT BRECHT
ERINNERUNG AN DIE MARIE A.

1 An jenem Tag im blauen Mond September
Still unter einem jungen Pflaumenbaum
Da hielt ich sie, die stille bleiche Liebe
In meinem Arm wie einen holden Traum.
Und über uns im schönen Sommerhimmel
War eine Wolke, die ich lange sah
Sie war sehr weiß und ungeheuer oben
Und als ich aufsah, war sie nimmer da.

2 Seit jenem Tag sind viele, viele Monde
Geschwommen still hinunter und vorbei.
Die Pflaumenbäume sind wohl abgehauen
Und fragst du mich, was mit der Liebe sei?
So sag ich dir: Ich kann mich nicht erinnern
Und doch, gewiß, ich weiß schon, was du meinst.
Doch ihr Gesicht, das weiß ich wirklich nimmer
Ich weiß nur mehr: ich küßte es dereinst.

3 Und auch den Kuß, ich hätt ihn längst vergessen
Wenn nicht die Wolke dagewesen wär
Die weiß ich noch und werd ich immer wissen
Sie war sehr weiß und kam von oben her.
Die Pflaumenbäume blühn vielleicht noch immer
Und jene Frau hat jetzt vielleicht das siebte Kind

Doch jene Wolke blühte nur Minuten
Und als ich aufsah, schwand sie schon im Wind.

DAS DIALEKTISCHE LIEBESGEDICHT

Wenn man einer Eintragung Brechts in seinem Notizbuch trauen kann, hat er dieses Gedicht im Zugabteil geschrieben, während einer Fahrt nach Berlin. Es war kurz nach dem Ersten Weltkrieg, er war knapp 22 Jahre alt. Für das Drama suchte er damals neue Wege, in der Lyrik hingegen hielt er sich vor allem an die Tradition. Oft befolgte er hier, sorgfältig und souverän zugleich, die strengen Regeln der klassischen Poetik. Alte und bewährte Schläuche füllte der junge Poet mit neuem Wein.

Das Gedicht »Erinnerung an die Marie A.« besteht aus drei Stanzen oder auch Oktaven, jeder der 24 Verse hat zehn oder elf Silben (einzige Ausnahme: Strophe 3, Vers 6) und den fünftaktigen jambischen Rhythmus, in jeder Strophe reimt sich der zweite Vers mit dem vierten und der sechste mit dem achten, wobei alle Reimpaare »männlich« sind.

Aber so klassisch die Form, so mutet doch die erste Strophe romantisch-volksliedhaft an. Der sich sentimental erinnernde Poet schwelgt in Adjektiven, einfachen eher und gefühlsbetonten: Was sich in diesem blauen Mond September unter einem schönen Sommerhimmel abspielte und woran er offenbar nicht ungern denkt, war jung und hold, still und bleich. Doch in den letzten drei

Versen der ersten Oktave verzichtet Brecht plötzlich auf die Attribute, vielmehr wiederholt er dreimal ein kurzes, dunkel klingendes Zeitwort: »war«. Der Schluß der Strophe kündigt gleichsam warnend den Inhalt der zweiten an: Sie folgt auf die erste wie die Antithese auf die These.

Es sind nicht nur viele Monde inzwischen vergangen, auch die Liebe ist »still hinunter und vorbei«, jene jungen Pflaumenbäume gibt es ebenfalls nicht mehr, der Dichter kann sich an nichts erinnern, nicht einmal an das Gesicht der Geliebten. War es etwa ironisch gemeint, daß er sie in seinem Arm »wie einen holden Traum« gehalten habe?

Der letzte Vers der zweiten Strophe relativiert den düsteren Befund: Immerhin kann der Dichter nicht vergessen, daß er dieses Gesicht geküßt hat. Und damit ist wieder auf die nächste und letzte Strophe verwiesen, die, der Hegelschen Dialektik getreu, nach der These und Antithese nun die Synthese bietet.

Auch den Kuß hätte er, gesteht der skeptische Poet, längst vergessen, wenn nicht die Wolke am Himmel gewesen wäre, von der es noch einmal heißt, daß sie sehr weiß war. Aber er hat in seinem Leben unendlich viele Wolken gesehen. Warum also erinnert er sich gerade an diese, die nur Minuten »blühte«? Doch nur deshalb, weil er damals sie, »die stille bleiche Liebe«, in seinem Arm hielt und küßte.

Was er in der zweiten Strophe mit betonter Sachlichkeit

behauptete – »Ich kann mich nicht erinnern« –, ist hier in der dritten indirekt widerlegt. Während er vorher nüchtern vermutete, daß die Pflaumenbäume wohl inzwischen abgehauen seien, hofft er jetzt, daß sie noch immer blühen. Den ursprünglichen, etwas kokett anmutenden Titel des Gedichts (»Sentimentales Lied No. 1004«) hat Brecht verworfen.

Sollte die Wolke – »sie war sehr weiß und kam von oben her« – in diesem Gedicht die Liebe symbolisieren, ihre Reinheit und zugleich ihre Vergänglichkeit? Dann wäre gar die Liebe, wie einst in einer Operette gesungen wurde, eine Himmelsmacht? »Die weiß ich noch und werd ich immer wissen« – heißt es von jener Wolke. Und das soll wohl bedeuten: So vergänglich die Liebe auch sein mag, sie verschwindet nun doch nicht ganz. Denn es bleibt die Erinnerung und vielleicht auch Dankbarkeit. Im Titel des Gedichts ist ja nicht von einem Pflaumenbaum und eben nicht von jener Wolke die Rede, sondern von einer Frau. Er hat sie nicht vergessen, sie und das Septembererlebnis werden ihm nie mehr aus dem Sinn kommen. Ihr sind diese Zeilen gewidmet.

(1977)

BERTOLT BRECHT
ALS ICH NACHHER VON DIR GING

Als ich nachher von dir ging
An dem großen Heute
Sah ich, als ich sehn anfing
Lauter lustige Leute.

Und seit jener Abendstund
Weißt schon, die ich meine
Hab ich einen schönern Mund
Und geschicktere Beine.

Grüner ist, seit ich so fühl
Baum und Strauch und Wiese
Und das Wasser schöner kühl
Wenn ich's auf mich gieße.

DAS GROSSE HEUTE

Was bleibt von der deutschen Dichtung des zwanzigsten Jahrhunderts? Da es sich dem Ende nähert, wird die Frage immer häufiger gestellt. Doch läßt sie sich überhaupt nicht beantworten. Natürlich können wir sagen, was uns von dieser Literatur heute besonders wichtig vorkommt, aber wie die Welt in fünfzig oder gar hundert Jahren beschaffen sein wird, weiß niemand. Schon deshalb ist es nicht voraussehbar, ob man sich für die Poesie unserer Epoche interessieren und wie man sie beurteilen wird.
Die Frage: Was bleibt? ist also müßig. Und dennoch reizvoll. Weil sie uns, was immer die Nachgeborenen denken werden, doch zwingt, unsere Anschauungen zu überprüfen. Wird man Kafka so schätzen und bewundern, wie wir Hölderlin oder Büchner schätzen und bewundern? Es ist schon wahrscheinlich.
Wie aber wird es dem Werk Bertolt Brechts ergehen? Werden seine Theaterstücke, die nicht zu Unrecht eine enorme Rolle gespielt haben und die zum großen Teil jetzt schon vergessen sind, je eine Renaissance erleben? Ich bin nicht sicher. Und seine Lyrik? Ich liebe nach wie vor viele Gedichte von Brecht, ich liebe sie ungleich mehr als jene von Trakl und Stefan George, ja sogar von Rilke – und ich kann mir ein Deutschland nicht vorstellen, dem seine Dichtung gleichgültig sein könnte. Daß

zu ihren Höhepunkten erotische Verse gehören, ist allgemein bekannt. Doch was zeichnet sie vor allem aus? Vielleicht die ganz selbstverständliche und daher immer aufs neue verblüffende Einheit von volksliedhafter Schlichtheit und raffinierter Artistik, von Alltagssprache und Poesie.

Das Gedicht »Als ich nachher von dir ging« stammt aus dem 1950 für den Komponisten Paul Dessau geschriebenen Zyklus »Vier Liebeslieder«, bestimmt für eine Singstimme und Gitarre. Sie wurden 1953 uraufgeführt und zunächst im Programmheft zu diesem Konzert gedruckt. In Brechts ursprünglicher Niederschrift lautete der Titel dieses Gedichts: »Lied einer Liebenden«. Doch von der Liebe spricht die Liebende nicht. So ist es meist in der erotischen Dichtung: Sie benennt nicht ihr Thema, sie umschreibt es.

Das Mädchen berichtet, es habe in einer Abendstunde etwas erlebt, wodurch seine Sicht verändert worden sei. Und dies in zweifacher Weise: Es sieht nun alles besser und anders zugleich. Was ist denn gemeint, was hat sich in dieser Stunde abgespielt? Darüber möchte das Mädchen nicht so direkt sprechen (»weißt schon, die ich meine«). Jedenfalls war es davon ganz in Anspruch genommen – so sehr, daß es nicht recht wahrnehmen konnte, was ringsherum war: Erst »nachher«, als es von jenem wegging, den es besuchte, fing es wieder an, richtig zu sehen.

Kann man da noch zweifeln, was sich dort ereignet hat?

Waren die beiden miteinander im Bett? Natürlich, doch war es nicht etwa ein alltägliches Beisammensein, vielmehr ein außergewöhnliches Erlebnis: Es machte den Tag zum »großen Heute«. Kurz und gut: Vermutlich hat das Mädchen in jener Abendstunde die Jungfräulichkeit eingebüßt. Da diese Vokabel gar zu betulich und altmodisch klingt, verwenden wir meist ein lateinisches Wort: »Defloration«, zu deutsch »Entblühung«. Nur trifft es nicht recht zu, weil in Wirklichkeit gerade das Gegenteil eintritt: Der erste Geschlechtsverkehr hat in der Regel nicht Entblühung zur Folge, sondern Erblühen: Es ändert sich das Verhältnis zur Welt.

Jetzt sieht sie, die Liebende, um sich lauter lustige Leute, grüner scheinen ihr Baum und Strauch und Wiese, alles ist anders geworden. Ihr Selbstvertrauen ist gewachsen – sie glaubt schon, einen schönern Mund und geschicktere Beine zu haben. Ohne die Liebe auch nur mit einem Wort zu erwähnen, zeigt Brecht, was sie zu bewirken vermag – eine überraschende Intensivierung unseres Lebensgefühls, eine ungeahnte Steigerung unseres Daseins. Das kann man auch knapper ausdrücken: Er zeigt das Glück der Liebe.

Diese Verse kennen keinen Widerspruch zwischen Geradlinigkeit und Charme, zwischen Direktheit und Zartheit. Als er sie schrieb, war Brecht zweiundfünfzig Jahre alt, also längst ein reifer Poet – aber einer, der ein Liebender geblieben ist, vielleicht sogar ein jugendlich Liebender.

(1994)

GUSTAF GRÜNDGENS
WIE SIND WIR BEIDE VORNEHM

Dazu bin ich zu vornehm,
ich bin so schrecklich vornehm,
o Gott, wie bin ich fein,
es ist nicht auszuhalten!

Die hat ja keine Chance,
bei uns'rer Contenance
kommt die ja gar nicht hoch!

Ach, ist das schön,
sich verstanden zu sehn,
man braucht sich nur
in die Augen zu sehn!

Wie sind wir beide vornehm,
o Gott, wie sind wir vornehm,
wir bleiben unter uns.

Die Manieren, die Allüren
meiner Gattin machen mich nervös!
Nervös!
Für die Plumpheit,
für die Tumbheit
dieser Deutschen bin ich zu preziös,

und kapriziös!
Immer gibt sie an
schlimmer als ein Mann!

Wir charmanten,
eleganten
Edelmenschen bleiben separat!
Separat!
Die Usancen, die Nuancen unserer Liebe
sind zu delikat, zu delikat!
Unser stiller Charme ist nicht für Alarm.

Doch wir lassen uns
von gar nichts irritieren, nein! uns!

WIR LASSEN UNS VON GAR NICHTS IRRITIEREN

Nichts Theatralisches war ihm fremd. Gründgens war ein glänzender Regisseur und ein begnadeter Intendant, ein vorzüglicher Kabarettist und, vor allem, einer der besten deutschen Schauspieler dieses Jahrhunderts. Er konnte alles, was zum Theater gehörte – und bisweilen noch ein bißchen mehr. Er war der Hamlet und der Mephisto seiner Generation. Aber er war sich nicht zu schade, auch in belanglosen Possen und Schwänken zu spielen. Er inszenierte klassische Tragödien und allerlei Boulevardstücke, Opern und Operetten, Mozart und Offenbach. Und Gründgens war auch noch ein geborener Kabarettist.

Obwohl er keine große Stimme hatte, konnte er reizvoll singen. Die Songs und Chansons, die Couplets, die er für manche seiner Rollen brauchte, schrieb er meist selber. Gerade diese Einlagen, in denen er auf eher leise Weise brillierte und gelegentlich triumphierte, ließen erkennen, woher der Künstler Gründgens kam: Er war ein Produkt der Weimarer Republik, ihn hat die von den Nazis gehaßte »Asphaltkultur« geprägt.

Als er Görings Schützling und Intendant der Staatlichen Schauspiele in Berlin wurde, blieb er, soweit es nur möglich war, seinen Ursprüngen treu. Was man sich heute kaum vorstellen kann: Er erwies und bewährte sich im »Dritten Reich« als Antityp der neuen Zeit. Nicht Blut und Boden verkörperte er, wohl aber das Morbide und das Zwielichtige, auch das Anrüchige. Nicht die Helden spielte er, sondern die Gebrochenen, die Schillernden, oft die Degenerierten.

Das Duett »Wie sind wir beide vornehm« ist einer von vier Texten, die Gründgens zu der Operette »Liselott« von Eduard Künneke beisteuerte, in der er 1932 als Herzog von Orleans seinen ersten großen Berliner Erfolg feiern konnte. Natürlich, dieses Duett ist eine Bagatelle. Aber sie ist typisch für den Zeitgeist in den letzten Jahren der Weimarer Republik, in jener Phase also, in der die Songs aus der »Dreigroschenoper« in aller Munde waren.

»Liselott« spielt in Frankreich zur Zeit König Ludwigs XIV. Die Tage der Aristokratie sind gezählt, eine Epoche geht zu Ende. Man verschließt die Augen vor der Wirklichkeit, man amüsiert sich, so gut es geht, man verhöhnt das Milieu, in dem man lebt. Also macht man sich lustig über sich selber: Die Ironie ist hier stets zugleich Selbstironie. Die Vokabel »Alarm« deutet an, daß diese »Edelmenschen« immerhin ahnen, was ihnen bevorsteht.

Das Ganze ist, wie es sich für ein solches Chanson schickt, keck und keß, pfiffig und witzig. Mehr noch: Es ist nicht ohne Raffinesse. Die Gesellschaft, die von ihrem nahenden Untergang nichts wissen will, wird mit Hilfe vieler Fremdworte charakterisiert. Das mag nicht sonderlich originell sein. Aber Gründgens findet den Ton dieses kabarettistischen Texts, indem er diese Fremdworte für die Endreime verwendet (Chance – Contenance, preziös – kapriziös, charmanten – eleganten, separat – delikat) und auch für Binnenreime: Usancen – Nuancen, Charme – Alarm. Dieser Ton ist es, dem das kleine Duett seine Qualität verdankt. Haben wir es mit Poesie zu tun? Das wäre gewiß zu hoch gegriffen. Aber der Literatur oder zumindest ihrem Randbezirk darf man die Petitesse doch zurechnen.

Das Publikum im Berliner Admiralspalast, auf dessen Bühne sich Gründgens in »Liselott« glänzend bewährte, hat sich fabelhaft vergnügt. Sein Text wurde damals nicht gedruckt, aber er ist glücklicherweise auf einer Schallplatte erhalten. Ob jemand bei dieser Vorstellung, bei diesem Duett auch schauderte? Hat man seine Hintergründigkeit, seine unheimliche Aktualität verstanden oder wenigstens gespürt?

Oder hielt sich die Berliner Gesellschaft damals, 1932, eher an die Worte: »Doch wir lassen uns / von gar nichts irritieren...«? Und Gründgens selber, der das Liedchen heiter und bedeutungsvoll und wunderbar ironisch vortrug? Ich fürchte, die »charmanten, eleganten Edelmenschen« hatten keine Ahnung, was auf sie, was auf Deutschland zukam.

(1999)

MASCHA KALEKO
GROSSSTADTLIEBE

Man lernt sich irgendwo ganz flüchtig kennen
Und gibt sich irgendwann ein Rendezvous.
Ein Irgendwas, – ist nicht genau zu nennen –
Verführt dazu, sich gar nicht mehr zu trennen.
Beim zweiten Himbeereis sagt man sich ›du‹.

Man hat sich lieb und ahnt im Grau der Tage
Das Leuchten froher Abendstunden schon.
Man teilt die Alltagssorgen und die Plage,
Man teilt die Freuden der Gehaltszulage,
... Das übrige besorgt das Telephon.

Man trifft sich im Gewühl der Großstadtstraßen.
Zu Hause geht es nicht. Man wohnt möbliert.
– Durch das Gewirr von Lärm und Autorasen,
– Vorbei am Klatsch der Tanten und der Basen
Geht man zu zweien still und unberührt.

Man küßt sich dann und wann auf stillen Bänken,
– Beziehungsweise auf dem Paddelboot.
Erotik muß auf Sonntag sich beschränken.
... Wer denkt daran, an später noch zu denken?
Man spricht konkret und wird nur selten rot.

Man schenkt sich keine Rosen und Narzissen
Und schickt auch keinen Pagen sich ins Haus.
– Hat man genug von Weekendfahrt und Küssen,
Läßt mans einander durch die Reichspost wissen
Per Stenographenschrift ein Wörtchen: ›aus‹!

KLEINE LIEBE IN DER GROSSEN STADT

Mascha Kaleko war eine polnische Jüdin und eine deutsche Dichterin, eine Berlinerin, die man vertrieben hat, eine Emigrantin, die nirgends eine Heimat finden konnte. Sie wurde 1907 in der polnischen Kleinstadt Chrzanow geboren, einem Ort in der Nähe von Auschwitz. 1914 kam sie nach Deutschland, ab 1918 lebte sie in Berlin, 1929 begann sie, Gedichte zu veröffentlichen, im Januar 1933 erschien bei Rowohlt ihr »Lyrisches Stenogrammheft«. 1938 emigrierte Mascha Kaleko in die Vereinigten Staaten, später lebte sie in Israel, sie starb 1975 in Zürich.

In Kindlers Literaturlexikon (zwanzig Bände) widmet man ihr (wie auch Alfred Polgar) keine einzige Zeile. Das mag Schlamperei sein und ist gleichwohl kein Zufall. Es hat mit der Besonderheit ihrer Poesie zu tun: Derartiges wird in Deutschland bisweilen gelobt und nie ganz ernst genommen. Die Themen? Liebe, Einsamkeit, Sehnsucht, Hoffnungslosigkeit, Enttäuschung. Nichts Neues also? Doch, durchaus neu, aber nicht die Motive sind es, sondern Ton und Hintergrund dieser Verse und auch manche der Lieblingsfiguren der Mascha Kaleko, der jungen Menschen, denen man beim Abgang von der Schule sagte, sie würden jetzt ins Leben treten, und denen man vom »ethischen Niveau« sprach: »Ich aber leider trat nur ins Büro«.

Oft ist von den Gefühlen und Leiden der kleinen, armen Angestellten die Rede und der zwar munteren, doch in Wirklichkeit recht traurigen Sekretärinnen, oft von der kleinen Liebe in der großen Stadt, natürlich in Berlin – und vor allem am Wochenende. Eines dieser Gedichte schließt: *Von Booten flüstert's hier und dort. / Die Pärchen ziehn nach Haus. / – Es artet jeder Wassersport / Zumeist in Liebe aus.* Bedeutende Poesie? Ach, nein, es ist eben Gebrauchslyrik, es ist Dichtung für nüchterne Leute, die es eilig und nicht leicht haben, für solche, die sich um Literatur und Kunst nicht kümmern. Es ist Poesie für die Zeitung und also für den Alltag.

Man hat Heine zu den Vorbildern der Mascha Kaleko gezählt, wohl deshalb, weil sie im Exil besonders oft gerade ihn zitiert, nachgeahmt und auch parodiert hat. Aber das ist doch zu hoch gegriffen. Ich muß eher an Tucholsky denken, an Ringelnatz und vor allem an den in Deutschland immer noch zu wenig geschätzten Erich Kästner. Nur war Mascha Kaleko jünger als diese Autoren: Nicht der Erste Weltkrieg hat sie geprägt, vielmehr repräsentierte sie jene Generation, die in den späten zwanziger Jahren aufgewachsen war – in der Zeit der Not und der Arbeitslosigkeit und literarisch durchaus nicht mehr unter dem Einfluß des Expressionismus, sondern der Neuen Sachlichkeit.

Ihre Verse sind keß und keck, frech und pfiffig, schnoddrig und sehr schwermütig, witzig und ein klein wenig weise. Ganz natürlich klingt die Stimme der Mascha Kaleko, unverkrampft und immer etwas resigniert. Ihr ist nicht daran gelegen, den Leser zu beeindrucken, vielmehr hat sie etwas mitzuteilen, zu berichten, zu erzählen. Der Reim und der Rhythmus, die Pointen und die Scherze – in diesen Versen dient alles dem Inhalt.

Erich Kästner wurde ein lyrischer Reporter seiner Epoche genannt. Das gilt auch für Mascha Kaleko. Sie zeigt in der »Großstadtliebe«, einem Gedicht, das ich besonders gern habe, die Erotik jener jungen Leute, die in möblierten Zimmern wohnen, wo man – da liegt der Hase im Pfeffer – keinen Besuch empfangen darf. Man trifft sich auch nicht im Café, denn eine Tasse Kaffee kostet 25 oder 30 Pfennig, da kommt man in der Eisdiele billiger weg. Noch billiger ist es auf den Parkbänken, allerdings kann man sich da nur küssen, mehr geht eben nicht.

Wenn sich die jungen Leute aber doch nach mehr sehnen, dann brauchen sie ein Paddelboot, das man leihen kann. Pathetisch ist diese Großstadtliebe natürlich nicht: *Man lernt sich irgendwo ganz flüchtig kennen.* Wenn man genug hat von *Weekendfahrt und Küssen* – dann macht man Schluß, am besten (Mascha Kaleko war Sekretärin) durch die Reichspost und per Stenographenschrift. 1956 war sie noch einmal in Berlin. Über das Wiedersehen mit der Stadt, die sie für ihre Heimat hielt, schrieb sie: *Und alles fragt, wie ich Berlin denn finde? / Wie ich es finde? Ach, ich such es noch!*

(1998)

ERICH FRIED
LOGOS

Das Wort ist mein Schwert
und das Wort beschwert mich

Das Wort ist mein Schild
und das Wort schilt mich

Das Wort ist fest
und das Wort ist lose

Das Wort ist mein Fest
und das Wort ist mein Los

DAS WORT WAR SEIN LOS

»Die Toten reiten schnelle« heißt es in Gottfried August Bürgers Ballade »Lenore«. Das stimmt schon: Zwölf Jahre ist Erich Fried tot – und schon ist sein Werk, nein, noch nicht vergessen, doch schon merklich verblaßt und jedenfalls aus der Mode gekommen. Einst von seinen Gesinnungsgenossen maßlos überschätzt, wird Fried heute wohl unterschätzt.

Er wurde in Österreich geboren, er hat jahrzehntelang in England gelebt und ist während eines Aufenthalts in Deutschland gestorben. Aber er war, wenn man es recht bedenkt, weder ein Österreicher noch ein Engländer oder ein Deutscher. Er war und blieb ein mitteleuropäischer Jude, dem freilich das Judentum nicht mehr viel bedeutete. In London hatte er ein Haus, doch zu Hause war der unruhige Geist nicht dort. Er war es vielleicht unterwegs, auf zahllosen Reisen quer durch die deutschsprachigen Länder stets seinen Zorn und seinen Protest in Vers und Prosa offerierend.

War etwa die Literatur seine Heimat? Eher könnte man sagen, das Schreiben sei seine Heimat gewesen. Er schrieb, er dichtete immer und überall. Als er bei der BBC arbeitete (von 1952 bis 1968), fuhr er täglich mit dem Autobus zur Arbeit. In der Regel produzierte er auf dem Hinweg zwei Gedichte und auf dem Rückweg ebenfalls, mitunter noch mehr. Der Ausdruckszwang war sein Glück. Zugleich allerdings war Fried ein Opfer dieses manischen Zwangs.

So entwickelte sich seine Lyrik ohne Heimat, ja gerade dank der Heimatlosigkeit. Inmitten der englischen Welt wuchs Frieds ohnehin außerordentliche Empfindlichkeit für die Eigenart der deutschen Sprache, seine Reizbarkeit für den Klang und Sinn des deutschen Wortes. Das führte schon bald zum Wortspiel, einem der zentralen Elemente seiner Poesie.

Was er mit Wortspielen im Sinne hatte, zeigt auf beispielhafte Weise das frühe Gedicht »Logos«: Es sind Spiele, die das Wort beim Wort nehmen, die jede Wendung hin- und herwenden. Vieldeutigkeiten, Lautübereinstimmungen und Lautähnlichkeiten irritieren Fried stets aufs neue. Natürlich läßt er Gedanken Sprache werden, aber zugleich – und darauf kommt es hier an – läßt er die Sprache denken. Möglicherweise hat diese passionierte Wortgläubigkeit mit Frieds jüdischem Erbteil zu tun.

Das Gedicht »Logos« zielt, ähnlich wie andere Wortspiele von Fried, nicht oder nicht nur auf das Wort ab, das ernste Spiel ist nicht nur Selbstzweck. Seine Sprachkritik meint also mehr als die Sprache: Mit dem Wortspiel greift er das Leben an, um es zu begreifen, es ist seine Zuflucht und sein Erkenntnisinstrument, es soll etwas, was für den Autor wichtig ist, blitzartig sichtbar und durchsichtig machen. Und nichts ist für ihn – wie so oft in der Lyrik aller Zeiten – wichtiger als seine eigene Person.

Ein Selbstporträt ist dieses Gedicht. Form und Inhalt, strenge Schmucklosigkeit und verblüffende Kunstfertigkeit bilden hier eine Einheit: In jedem Vers steht die Schlüsselvokabel: »das Wort«. Es gibt nur zwei Requisiten (Schwert und Schild), beide entstammen einer längst vergangenen Epoche und sind daher geeignet, die Person des Autors zu verfremden. Kargheit und Knappheit sind nicht zu überbieten, dennoch entsteht nicht der Eindruck der Künstlichkeit oder Gedrängtheit. Das Gedicht »Logos« ist ein kleines, vollkommenes Gebilde.

In der englischen Literatur, zumindest seit Shakespeare geschätzt und beliebt, hat das poetische Wortspiel auch bei uns eine beachtliche Tradition: Morgenstern und Karl Kraus hatten eine Schwäche für dieses Spiel, Goethe, Schiller und Heine haben es nicht verpönt, und Fried hat es auf seine Weise virtuos erneuert und aktualisiert. Freilich konnte auch er, wie manche seiner großen Vorgänger, den Kalauer nicht immer vermeiden.

Zusammen mit einigen wunderbaren erotischen Gedichten werden, so will es mir scheinen, nicht wenige der Wortspiele Erich Frieds die Zeit besser überstehen als seine unzähligen politischen Gedichte. Wie auch immer: Wir sollten seiner gedenken, wie er es verdient – mit Nachsicht und mit Respekt.

(2000)

GÜNTER KUNERT
FRIST

Sonne war und fiel heiß auf sie nieder
Und fiel auf mich der ich doch bei ihr war.
Die Wellen gingen fort und kamen immer wieder
Zurück voll Neugier zu dem nackten Paar.

Ein wenig Fleisch auf soviel Sandgehäufe
Ein wenig Frist in ziemlich viel Unendlichkeit
Ein wenig Leben und zwei Lebensläufe
Darüber Sonne und darunter Dunkelheit.

EIN WENIG FRIST IN VIEL UNENDLICHKEIT

Ob in der DDR, wo Kunert bis 1979 lebte, oder später in der Bundesrepublik – man hat seine Lyrik zwar anerkannt und geschätzt, doch populär wurde sie weder hier noch dort. Das hat weniger mit ihrer Qualität zu tun als mit ihrer Eigenart. Kunert ist ein nachdenklicher und grübelnder, ein politischer, ein gesellschaftskritischer und philosophischer Poet. Seine Verse sind beinahe immer kühl und zurückhaltend, oft widerborstig und nie einschmeichelnd.

Wie die meisten Dichter, die an einem Trauma leiden und mit einer Obsession geschlagen sind, artikuliert auch Kunert nur selten seine Hoffnungen und sein Glück, weit häufiger seinen Schmerz und seine Leiden. Er macht sich keine Illusionen, er ist ein Sänger der Angst, des Zweifels und der großen Vergeblichkeit, ein hartnäckiger Prophet der uns drohenden Katastrophe. Er bleibt stets nüchtern und skeptisch. Das gilt ebenfalls für seine erotische Lyrik. In ihr sind Licht und Schatten unzertrennlich. Bei Kunert birgt die Erfüllung bereits die Gefährdung.

Schon im streng anmutenden Titel verweist das Gedicht »Frist«, das aus den frühen sechziger Jahren stammt, auf sein zentrales Motiv: Es ist Befund und Warnung zugleich. Nicht eine Aktion wird hier geschildert, sondern eine Situation. Zwei Menschen liegen beieinander, sie sind offenbar allein auf weiter Flur, genauer: einsam an einem Meeresstrand. Wann haben sie sich zum ersten Mal gesehen, wann gefunden? Vor einer Stunde? Vor einer Woche? Oder sind sie vielleicht schon seit einem Jahr zusammen? Wir wissen es nicht. Doch was sie miteinander verbindet, ist mit Sicherheit ernst, ja, es ist wohl für beide äußerst wichtig: Denn hier kreuzen sich, heißt es, zwei Lebensläufe.

Diese beiden nackten Menschen – sie sind einander ganz verfallen, sie bilden eine Welt für sich. Was sich sonst abspielt, kümmert sie überhaupt nicht, der Rest der Welt ist ihre Sache nicht, jedenfalls vorerst nicht. Was aber spielt sich ab? »Die Wellen gingen fort und kamen immer wieder«. Das ist das einzige, was hier geschieht. Was der unaufhörliche Wellenschlag symbolisiert, braucht kaum gesagt zu werden: Es ist der Lauf der Zeit, den die beiden ignorieren möchten und dem sie gleichwohl nicht entfliehen können. Wie viel von dieser Zeit wird ihnen gegönnt? Bloß »ein wenig Frist in ziemlich viel Unendlichkeit«. Bald werden sie einsehen müssen und sich damit abfinden, daß – mit Hofmannsthal zu sprechen – »alles gleitet und vorüberrinnt«.

Die Vergänglichkeit der Liebe und des Lebens – das ist ein alter Hut, gewiß so alt wie die Poesie, ein Thema ist es, dauerhafter als Erz. Wer sich seiner in unseren Tagen annimmt, scheint gut beraten, wenn er einen möglichst einfachen Ausdruck wählt. Der junge Kunert, schon damals ein Lyriker, der sich seiner poetischen Mittel sehr bewußt war, verzichtet konsequent auf eine kunstvolle oder gar gesuchte Umschreibung dessen, was er formulieren möchte. Er bedient sich ausschließlich der Sprache des Alltags, er vermeidet selten gebrauchte Worte.

Und er greift auf jene Form zurück, die in der deutschen Literatur immer schon sehr beliebt war und die nie veraltet, nie altväterlich wirkt – auf die regelmäßige vierzeilige Strophe mit den sogenannten Kreuzreimen (abab). So ist ihm, Günter Kunert, ein schlichtes, ein volksliedhaftes Gedicht gelungen, traurig und schön. Traurig? Nun ja, es ist doch ein Liebesgedicht.

(2000)

EIN PLÄDOYER IN SACHEN LYRIK

Reden wir offen: Die Lyrik – brauchen wir sie wirklich? Millionen Menschen leben ohne die Dichtung. Sie wissen von ihr nicht und fühlen sich dabei ganz gut: Nichts fehlt ihnen, und vieles bleibt ihnen erspart. Denn die Lyrik ist eine höchst fragwürdige literarische Gattung – und es gibt Anlaß genug, vor ihr zu warnen. In der Prosa wird mit offenen Karten gespielt, in der Lyrik hingegen oft mit gezinkten. Bei ihr fanden immer schon jene Unterschlupf, die nichts zu sagen haben, doch unbedingt gehört werden möchten, die singen wollen, weil sie nicht denken können, die dichten müssen, weil ihnen das Schreiben unüberwindliche Schwierigkeiten bereitet.

Was sich in der Prosa als unverkäuflich erwies, das wurde von vielen Autoren in Versen feilgeboten und auch an den Mann gebracht. Was zu töricht war, um gesagt zu werden, haben sie gern gesungen. Wären die Lyriker gar die Tenöre unter den Schreibern? Soviel ist sicher: Mit der Fülle des Wohllauts – oder zumindest des vermeintlichen Wohllauts – ließ sich intellektuelle Dürftigkeit effektvoll tarnen. Wer also feierlich sang und raunte, der brauchte die Frage nach dem Sinn und der Intelligenz seiner Worte nicht zu befürchten.

Ja, man liebte die Dämmerung und das Geheimnisvolle

mehr als die Klarheit und die Nüchternheit, man traute der Beschwörung mehr als der Analyse. Die Denker schätzte man hierzulande vor allem dann, wenn sie dichteten, und die Dichter, wenn sie nicht dachten. Der Mißbrauch der lyrischen Form zur Flucht ins Undeutliche und ins Verschwommene, zum Rückzug ins Unkontrollierbare bis hin zu den Müttern, war und ist bisweilen auch heute noch ein Erzübel unserer Literatur.

So war in Deutschland das Gedicht oft ein Refugium für Autoren mit und ohne Talent, doch auf jeden Fall mit wenig Geist. Und für ein Publikum, das willig der Aufforderung folgte: Mitzusingen, nicht mitzudenken seid ihr da! Wenn sich gerade beim Volk der Dichter und Denker die Ansicht einbürgerte, man könne entweder Dichter oder Denker sein, doch schwerlich beides zugleich, dann hat das mit dem Einfluß eines großen Mannes zu tun, der freilich mit seinen zahllosen Äußerungen über die Literatur, zumal über die Lyrik und die Kritik, viel Unheil gestiftet hat. Ich meine Goethe.

In seinen »Maximen und Reflexionen« findet sich die fatale Feststellung: »Künste und Wissenschaften erreicht man durch Denken, Poesie nicht; denn diese ist Eingebung...« Man mache sich nichts vor: Eine gelegentliche Fehlleistung war das nicht. Goethe hat ähnliches leider oft wiederholt, so etwa in den Gesprächen mit Eckermann, in denen er ganz ungeniert dekretierte: »Je inkommensurabler und für den Verstand unfaßlicher eine poetische Produktion, desto besser.«

Derartiges wurde in Deutschland ein Jahrhundert lang andächtig zitiert. Immer wieder plädierte man, in der Nachfolge Goethes, für die Inspiration und gegen den Intellekt und meinte allen Ernstes, daß das Dichten die klare Denkarbeit beeinträchtige und das Denken wiederum der holden Dichtkunst schade. Damit mag der Glaube an die erlösende Kraft der Poesie zusammenhängen.

Aber die Dichtung hat noch nie jemanden zu erlösen vermocht. Sie ist auch für die Belehrung wenig geeignet: Wer seine Zeitgenossen aufklären oder unterweisen möchte, der ist gut beraten, wenn er statt einer Ode einen Artikel oder eine Abhandlung verfaßt. Und wer da meint – um auch das noch gleich hinzuzufügen –, mit Versen ließe sich auf den Lauf der Dinge Einfluß ausüben, der macht sich rührende Illusionen. Nein, die Welt verändern können die Lyriker nicht. Der unentwegt davon redete, Bertolt Brecht, konnte sich immerhin dessen rühmen, daß seine Arbeiterlieder, von Hanns Eisler vertont, in den letzten Jahren der Weimarer Republik viel gesungen wurden. Doch hat weder das Solidaritätslied die Solidarität der Arbeiter noch das Einheitsfrontlied die Einheitsfront bewirkt – ebensowenig wie die Songs der »Dreigroschenoper« das bürgerliche Berliner Theaterpublikum zu erziehen vermochten.

Wie aber, wenn den Dichtern die Macht gegeben wäre, die Welt zu verändern? Wäre das wirklich wünschenswert? Zu oft haben sie der Tyrannei gedient, und zu viele

Torheiten sind im Laufe der Jahrhunderte von ihnen in bisweilen attraktiver Verpackung angeboten worden, als daß man diese Frage auch nur für einen Augenblick ernst nehmen könnte. Schon Plato wollte von den Dichtern nichts wissen. Also sollten wir wohl vor diesen unzuverlässigsten aller Kantonisten auf der Hut sein. Fragt sich nur, ob wir auf sie verzichten können, ob wir sie nicht doch brauchen, auch heute, gerade heute.

Jener römische Poet, der vor zwei Jahrtausenden stolz erklärte, er habe mit seinen Oden ein Denkmal errichtet, dauerhafter als Erz – geirrt hat er sich nicht. In der Tat, Gedichte, zarte Gebilde, gemacht aus dem flüchtigsten Material, aus Worten, können Jahrtausende besser überstehen als Tempel und Paläste. Es läßt sich auch nicht übersehen, daß die Lyrik mitunter imstande ist, wenn auch nicht gleich die Welt zu verändern, so doch erträglicher zu machen. Ja, sie kann das Individuum aus seiner Gleichgültigkeit reißen und vielleicht sogar aus den herkömmlichen Denkbahnen werfen.

Müßig wäre es, wenn nicht läppisch, wollten wir versuchen, die Lyrik höher einzustufen als das Drama oder die Erzählung. Gedichte sind weder besser noch tiefer als andere literarische Arbeiten. Aber sie sind anders, sie gehen weiter. Der Lyriker verbirgt sich nicht im Gedicht, er muß sich in ihm stellen. Das Gedicht ist die riskanteste, die schamloseste aller literarischen Formen. Ein Dichter – meinte Goethe und irrte diesmal nicht – sei umsonst verschwiegen, denn »Dichten selbst ist schon Verrat«.

Lyriker sind professionelle Exhibitionisten – nur daß sie nicht etwa ihre Blöße poetisieren, sondern sich in der Poesie bloßstellen. Daher können wir uns in der Regel eher mit einem schwachen Theaterstück oder mit einem mittelmäßigen Roman abfinden als mit einem dürftigen Gedicht. Der Dramatiker nimmt ja unser Interesse für seine Figuren in Anspruch und der Romancier für die Welt, die er zeigen möchte, der Lyriker hingegen stets und vor allem für sich selber. Wer sich aber entblößt, der provoziert seine Umwelt: Dramen, darf man wohl sagen, sind Angebote und Romane Einladungen – das Gedicht jedoch ist eine Herausforderung.

Doch las ich neulich, der Lyriker gleiche dem Schwimmer, und sein Rettungsring sei die Form. Das scheint mir ein unglückliches Bild. Denn ebenso könnte man sagen, der Rettungsring des Geigers sei die Violine. Nein, das Gedicht kann sich schon deshalb nicht unter das schützende Dach der Form retten, weil es selber die Form ist: Von ihr, nur von ihr bezieht es seine Existenzberechtigung.

Dennoch muß man Stefan George widersprechen, der einst geschrieben hat: »Den Wert der Dichtung entscheidet nicht der Sinn (sonst wäre sie etwa Weisheit, Gelahrtheit), sondern die Form.« Man sollte sich, meine ich, hüten, das eine gegen das andere auszuspielen: Die in der Literatur immer leidige, wenn nicht fatale Trennung von Inhalt und Form ist in der Lyrik gegenstandslos. Denn die Form – das ist schon der Sinn des Gedichts. Damit hängt es wohl auch zusammen, daß unsere Welt, deren Darstellung den Romanciers und in noch höherem Maße den Dramatikern so große und häufig unüberwindbare Schwierigkeiten bereitet, sich der lyrischen Formulierung nicht entzieht: Wo die Dramatiker verstummen und die Romanciers ratlos scheinen, da ist es ihnen, den Lyrikern, gegeben, zu sagen, wie sie leiden, wie *wir* leiden.

Nun wirft man der Lyrik unserer Zeit gern vor, sie sei meist düster, pessimistisch oder gar nihilistisch. Aber Optimismus, Pessimismus, Nihilismus – das sind Kategorien, mit denen man noch nie der Dichtung beikommen konnte. War Hölderlin ein Pessimist? Waren Heine oder Brecht etwa Optimisten? War Benn wirklich ein Nihilist? Es genügt, solche Fragen zu stellen, um bewußt zu machen, daß sie nicht angemessen, daß sie lächerlich sind. Heute sind es gerade die düsteren Gedichte, denen der überraschende Durchbruch glückt, die blitzartige Erhellung gelingt. Oft ist es paradoxerweise die Finsternis, von der das Licht ausgeht.

Aber worauf ist die Lyrik-Renaissance, die manche schon als »Lyrik-Welle« abwerten möchten, denn zurückzuführen? Je trostloser unsere Epoche, je düsterer unsere Zukunftsaussichten, je wirrer und chaotischer die Welt, die uns umgibt, desto größer unser Bedürfnis nach – ja wonach? Etwa nach Trost? Vielleicht, doch wird uns ihn die Dichtung nicht liefern. Die Bevölkerung mit Tranquilizern und Schmerzlinderungsmitteln zu versorgen gehört zur Aufgabe nicht der Poesie, sondern der Pharmazie.

Nein, trösten oder besänftigen kann uns die Lyrik nicht. Aber sie kommt allein durch ihre Existenz unserem Abscheu vor dem Chaotischen entgegen. Oder dürfen wir gar sagen, unserem Bedürfnis nach Ordnung? Dies jedenfalls ist sicher: Wer dichtet, der widersetzt sich der Willkür und dem Chaos. Dichten heißt ordnen. In der achten der »Duineser Elegien« lesen wir: »Wir ordnens. Es zerfällt. / Wir ordnens wieder und zerfallen selbst.« Rilkes Worte gelten auch und vor allem für die Lyriker.

Da Ordnung die Devise der Dichtung ist, sollte man sich nicht wundern, daß diejenigen, denen wir die individuellsten, die subjektivsten, ja die zartesten Gebilde der Literatur verdanken, sich nicht scheuen, die poetischen Hervorbringungen ihrer Zeitgenossen und Kollegen öffentlich zu analysieren und zu beurteilen. Anders als die Romanciers oder die Dramatiker sind die Lyriker nahezu immer zugleich die Kritiker der Lyrik. Das hat mit ihrem ausgeprägten Formbewußtsein zu tun.

Dieses eminente Formbewußtsein unserer Poeten trägt auch dazu bei, daß sich in den simplen Worten »Lyrik heute« mehr als ein Wunsch oder ein Bekenntnis verbirgt – nämlich ein fast schon trotziges Programm. Poesie ist immer auch Protest und Auflehnung. Wer dichtet, der rebelliert gegen die Vergänglichkeit. Selbst wenn sie den Untergang verkündet, wenn sie dem Tod huldigt, wenn sie den Zerfall besingt – dementiert die Dichtung, ob sie es will oder nicht, den Untergang, den Tod, den Zerfall.

Lyrik ist Lebensbejahung. Daher die wachsende Rolle der Poesie in unseren Tagen: Ihr schwermütiger, von manchen noch nicht wahrgenommener oder mit dem obligaten Unbehagen registrierter Siegeszug hat hier seine tiefste Ursache. Es zeigt sich, daß die Antwort der Literatur, auf die wir inmitten der Bedrohung und Gefährdung warten, am ehesten ihre radikalste Gattung geben kann – eben die Lyrik.

Aber der Dichter, der seiner Zeit nachläuft, holt sie nie ein; vielmehr wird er von ihr überrannt. Der Dichter wiederum, der vor seiner Zeit die Augen verschließt, verfehlt seine Aufgabe. Die Erben Heyms und Trakls, Benns und Brechts lassen sich weder das eine noch das andere zuschulden kommen. Manch ein deutsches Gedicht dieser Jahre zielt nur auf geringfügige Details unserer Gegenwart ab und trifft sie doch mitten ins Herz. Wenn sich heute bei sehr unterschiedlichen Lyrikern, ebenso jüngeren wie älteren, immer deutlicher die Hinwendung zur strengen Form bemerkbar macht – zu den klassischen Mustern der Poesie, zum Reim und zur Strophe, zu den Ordnungsprinzipien des Gedichts –, so ist dies nicht etwa als Flucht aus der Zeit zu verstehen, wohl aber als unmittelbare und auch selbstbewußte Reaktion auf die Verworrenheit der Epoche, auf ihr Grauen und ihren Schrecken.

Wie man es auch nimmt – die Poesie ist eine zwiespältige Sache. Platos Warnung hatte schon gute Gründe. Ja, diese älteste Gattung der Literatur ist die bedenklichste und gefährlichste – und zugleich die kühnste und radikalste, die empfindsamste. Allerdings wäre zu überlegen, ob denn das eine ohne das andere überhaupt möglich wäre.

Heine fragt einmal, ob die Poesie etwa eine Krankheit des Menschen sei, »wie die Perle eigentlich nur der Krankheitsstoff ist, woran das arme Austertier leidet«. Wenn Heine recht hat, dann ist es jedenfalls der Menschheit seltsamste, vielleicht sogar schönste Krankheit. Und wohl nie waren wir der Schönheit mehr bedürftig als heute. Aber ist sie nur schön und nicht auch nützlich? O doch, oft ist die Poesie auch nützlich – nützlich weil schön.

(1980)

»MIT GOETHE HATTE ICH KUMMER«

Ein Gespräch über die »Frankfurter Anthologie« und über deutsche Gedichte

Spiegel: Herr Reich-Ranicki, in der jüngsten Sendung »Das literarische Quartett« haben Sie Robert Gernhardts Gedichtband »Lichte Gedichte« als Weihnachtsgeschenk empfohlen. Ist Gernhardt eine Ausnahme, oder befindet sich deutschsprachige Lyrik allgemein in einem Hoch?
Reich-Ranicki: Gernhardt ist ein Talent und ein Original, doch keine Ausnahme. Wir haben ja Hilde Domin, Sarah Kirsch, Ulla Hahn, Krolow, Enzensberger, Jandl, Rühmkorf, Biermann, Wondratschek, Grünbein und andere. Die deutschsprachige Lyrik ist seit mindestens zehn Jahren ungleich interessanter als das deutsche Drama und der deutsche Roman – wohl deshalb, weil sich unsere heutige Welt in höherem Maße als in früheren Epochen der literarischen Darstellung entzieht oder jedenfalls zu entziehen scheint. Dies erschwert die Arbeit der Dramatiker und erst recht die der Romanciers, nicht aber die der Lyriker. Denn Lyriker können auf unsere Welt wie eh und je ganz subjektiv reagieren und zugleich nur punktuell – ihnen fällt es am leichtesten, ohne eine geschlossene Sicht, ohne eine Weltanschauung auszukommen.
Spiegel: Hans Magnus Enzensberger behauptet, daß

»weit mehr Gedichte geschrieben als gelesen werden«. Halten Sie das für übertrieben?

Reich-Ranicki: In der Tat gehört das Schreiben von Gedichten zu den hartnäckigen Krankheiten der Deutschen. Aber während andere nationale Epidemien, auch Geisteskrankheiten, verheerende Folgen hatten, ist diese Krankheit eher harmlos und vielleicht sogar nützlich. Denn jene, die Papier mit gebrochenen Zeilen beschmutzen, die sie für Poesie halten, sind in der Regel zugleich Leser der Lyrik. Und auch solche Leser, womit immer sie ihre Freizeit verbringen mögen, sind willkommen.

Spiegel: Seit 1974 lassen Sie einmal pro Woche in der »Frankfurter Allgemeinen Zeitung« (»FAZ«) unter der Rubrik »Frankfurter Anthologie« ein deutschsprachiges Gedicht interpretieren, von der parallel bei Insel publizierten Buchreihe ist soeben der 20. Band erschienen. Wie viele Beiträge sind inzwischen zusammengekommen?

Reich-Ranicki: Genau 1194 Gedichte aus allen Epochen der Poesie. Sie stammen von 332 Autoren. Die Zahl der Interpreten beträgt 267.

Spiegel: Und wie sieht Ihre Hitliste aus?

Reich-Ranicki: An der Spitze steht, wie es sich gehört, Goethe – mit 111 interpretierten Gedichten. Es folgen Brecht mit 50 Gedichten, Heine mit 44, dann Rilke, Benn und Hölderlin mit 33, 27 und 21 Gedichten. Mit Goethe hatte ich auch Kummer.

Spiegel: Wieso das?

Reich-Ranicki: Als seine Gedichte verhältnismäßig oft in der Anthologie vorkamen, gab es Telegramme von Lesern: »Warum so häufig Goethe?« Ich habe telegrafisch geantwortet: »Weil Frankfurter Lokalpoet«. Deutschland ist doch ein sonderbares Land: Man muß sich rechtfertigen, wenn man Goethe oft druckt.

Spiegel: Und welcher lebende Lyriker ist am stärksten vertreten?

Reich-Ranicki: Sarah Kirsch mit 16 Gedichten.

Spiegel: Lenken Sie die Auswahl der Gedichte?

Reich-Ranicki: Selbstverständlich. Wenn möglich, folge ich den Vorschlägen der Interpreten, die allerdings bisweilen dazu neigen, auch schwache Gedichte vorzuschlagen, über die sich leicht schreiben läßt, zumal wenn man allerlei Nebenumstände ausbreiten kann. Aber in den meisten Fällen kommen die Vorschläge der Gedichte oder zumindest der Autoren von mir – sonst würde die gesamte deutsche Lyrik bis zum 17. Jahrhundert einschließlich zu schwach repräsentiert sein und auch die Poesie der unmittelbaren Gegenwart. Es schreibt sich doch rascher über Eichendorff oder Mörike als über Jandl oder Krolow.

Spiegel: Hölderlin ist nicht gerade Ihr Favorit. Sind Sie voreingenommen gegen die raunenden Dichter?

Reich-Ranicki: So einfach ist das nicht. Man hat Hölderlin den Hüter des heiligen Feuers genannt. Ein heiliges Feuer kenne ich nicht und will von dessen Hütern nichts wissen. Er hat nichts gehütet, es sei denn sein Verhängnis. Es ist ihm alles kläglich mißlungen – nur nicht die Poesie. Germanisten und auch andere Missetäter haben ihm einen Dauerplatz in der nationalen Weihezone zugewiesen – und sie haben ihn auch noch mit einer Aureole versehen. Aber in den Weihezonen gelten Argumente nicht viel, und Aureolen sind allemal miserable Beleuchtungskörper.

Spiegel: Also lehnen Sie ihn ab?

Reich-Ranicki: Er hat Gedichte geschrieben, die zu den Wundern in deutscher Sprache gehören und die nicht einmal von Goethe übertroffen wurden. Ich bewundere Hölderlin, und manchmal ertappe ich mich dabei, daß ich ihn verehre. Aber Schiller, Kleist und Büchner und vor allem Goethe stehen mir näher.

Spiegel: Wie ist Ihr Verhältnis zu den Romantikern?

Reich-Ranicki: Ich liebe die Romantik in der Literatur und in der Musik ohne Einschränkungen. Doch ganz besonders liebe ich jenen Romantiker, der zugleich an der Romantik gezweifelt und sie kritisiert hat, von dem sie reformiert und modernisiert wurde. Ich spreche von dem witzigsten und neben Goethe intelligentesten deutschen Dichter, dem Weltpoeten Heinrich Heine.

Spiegel: Es wird immer wieder behauptet, daß der Kritiker Reich-Ranicki von Lyrik nichts verstehe.

Reich-Ranicki: Wieso nur von der Lyrik nichts? Oft wird gesagt, daß ich keine Ahnung vom Roman hätte und von der Novelle, vom Drama und vom Essay.

Spiegel: Kränkt Sie das?

Reich-Ranicki: Es amüsiert mich, zumal diejenigen, die ich lobe, ihre Ansichten über mich sofort ändern.

Spiegel: Im »Literarischen Quartett« wird über Lyrik nicht diskutiert. Wird da nicht eine Chance vertan?

Reich-Ranicki: Lyrik paßt nicht in die Konzeption des »Quartetts«, ebensowenig wie das Drama. Warum sollte ich eigentlich alles machen? Ich habe nichts dagegen, daß anderswo ein »Lyrisches Terzett« oder ein »Dramatisches Quintett« gegründet wird.

Spiegel: Welchen Rang hat die deutschsprachige Lyrik in diesem Jahrhundert?

Reich-Ranicki: Zwei ihrer Vertreter gehören zu den größten europäischen Lyrikern unserer Zeit: Rilke und Brecht.

Spiegel: War die »FAZ« nicht entsetzt, als Sie ausgerechnet eine Lyrik-Kolumne einrichten wollten?

Reich-Ranicki: Einer der Herausgeber sagte: Lassen wir ihn seine Serie machen, mehr als drei oder vier Beiträge bringt er sowieso nicht zustande.

Spiegel: Jetzt hat die »FAZ« sogar einen »Preis der Frankfurter Anthologie« gestiftet. Ein Zusatzbrot für »FAZ«-Redakteure?

Reich-Ranicki: Schön wär's, denn er ist mit 20000 Mark dotiert. Aber leider trifft Ihre Vermutung nicht zu: Herausgeber, Redakteure und ständige freie Mitarbeiter der »FAZ« sind von dem Preis ausgeschlossen. Er wird alljährlich an Schriftsteller, Wissenschaftler und Journalisten verliehen, die durch kommentierende Darstellungen und Interpretationen wesentlich zum Verständnis der deutschsprachigen Lyrik aller Epochen beigetragen haben. Der erste Preisträger ist der Schweizer Germanist Peter von Matt.

Spiegel: Unter Ihren Mitarbeitern sind Journalisten von anderen Zeitungen und viele Schriftsteller, auch Universitätsgermanisten. Ein bunter Kreis ...

Reich-Ranicki: ... Ich habe die Anthologie von Anfang an als eine Institution verstanden, die keine Grenzen hat – abgesehen vom Umfang der einzelnen Gedichte und Interpretationen. Bei den Universitätsgermanisten ist oft erzieherische Arbeit nötig. Denn viele von ihnen – nicht die besten – lieben Fremdworte und Fachausdrücke und machen so ihre Beiträge für einen großen Teil des Publikums unlesbar. Manche ihrer Manuskripte sondern einen unangenehmen Geruch ab: den Kreidegeruch der Seminarräume. Aber das hat sich im Laufe der Jahre erheblich gebessert.

Spiegel: Wirken Gedichte nicht intensiver, wenn der Leser sie ohne Gebrauchsanweisung liest, ohne Deutungshilfe?

Reich-Ranicki: Ich kann da nur mit Brecht antworten: »Wer das Gedicht für unnahbar hält, kommt ihm wirklich nicht nahe ... Zerpflücke eine Rose und jedes Blatt ist schön.«

Spiegel: Wie lange wird Ihre Anthologie noch bestehen?

Reich-Ranicki: Im Herbst 1998 kommt der 21. Band.

Spiegel: Und dann?

Reich-Ranicki: Zu meinen Ohren ist eine vertrauliche Nachricht gedrungen, derzufolge das Herausgebergremium der »FAZ« auf einer Geheimsitzung beschlossen hat, die Entscheidung in dieser Angelegenheit einer anderen hohen Instanz zu überlassen, nämlich dem Herrn, dem Allmächtigen.

Das Gespräch führte Volker Hage, es erschien im »Spiegel«, Nr. 52 vom 22. 12. 1997.

P. S.: Die in diesem Gespräch angegebenen Zahlen bedürfen der Aktualisierung. Es sind inzwischen 23 Bände der »Frankfurter Anthologie« erschienen. Die Zahl der Gedichte beträgt jetzt 1364, sie stammen von 358 Autoren. Interpretiert haben 284 Kommentatoren. An der Spitze steht nach wie vor Goethe (mit 116 Gedichten). Es folgen Brecht mit 60 Gedichten, Heine (mit 45 Gedichten), Rilke (33), Benn (27), Hölderlin (23), Eichendorff (19), Eich (19) und Celan (18). Von den lebenden Lyrikern ist am stärksten nach wie vor Sarah Kirsch vertreten, mit 18 Gedichten, es folgen Hans Magnus Enzensberger (15) und Ulla Hahn (14). Dies ist der Stand vom 31. März 2001. Die »Frankfurter Anthologie« wird fortgesetzt.

QUELLENHINWEISE

PAUL BOLDT 1885 in Christfelde bei Kulm/Westpreußen geboren, gestorben 1921 in Freiburg/Breisgau.
In der Welt, S. 85. Aus: Junge Pferde! Junge Pferde! – Das Gesamtkunstwerk. Lyrik, Prosa, Dokumente herausgegeben und mit einem Nachwort versehen von Wolfgang Minaty. Walter-Verlag, Olten und Freiburg 1979.

BERTOLT BRECHT 1898 in Augsburg geboren, gestorben 1956 in Berlin.
Erinnerung an die Marie A., S. 97; Als ich nachher von dir ging, S. 103. Aus: Die Gedichte von Bertolt Brecht in einem Band. © Suhrkamp Verlag Frankfurt am Main 1981.

PAUL FLEMING 1609 in Hartenstein/Erzgebirge geboren, gestorben 1640 in Hamburg.
Zur Zeit seiner Verstoßung, S. 31. Aus: Paul Fleming, Gedichte. Auswahl und Nachwort von Johannes Pfeiffer. Verlag Philipp Reclam jun., Stuttgart 1967.

THEODOR FONTANE 1819 in Neuruppin geboren, 1898 in Berlin gestorben.
An meinem Fünfundsiebzigsten, S. 79. Aus: Theodor Fontane, Gedichte in einem Band. Hrsg. von Otto Drude. Insel Verlag Frankfurt am Main und Leipzig 1998.

ERICH FRIED 1921 in Wien geboren, gestorben 1988 in Baden-Baden.
Logos, S. 119. Aus: Befreiung von der Flucht. Gedichte und Gegengedichte. © 1968 Claassen Verlag.

JOHANN WOLFGANG GOETHE 1749 in Frankfurt am Main geboren, 1832 in Weimar gestorben.
Rezensent, S. 35; Alles geben die Götter, S. 43. Aus: Johann Wolfgang von Goethe, Gedichte 1756-1799 und Gedichte 1800-1832. Hrsg. von Karl Eibl. Deutscher Klassiker Verlag Frankfurt am Main 1987/1988. – Freudvoll und leidvoll, S. 39. Aus: Johann Wolfgang von Goethe, Werke. Hamburger Ausgabe in 14 Bänden. Hrsg. von Erich Trunz. Verlag C. H. Beck, München 1982.

GUSTAF GRÜNDGENS 1899 in Düsseldorf geboren, 1963 in Manila gestorben.
Wie sind wir beide vornehm, S. 107. Aus: Gustaf Gründgens, Wie sind wir vornehm. Lyrik und Prosa. Hrsg. und mit einem Nachwort von Karl Riha. Postskriptum Verlag, Hannover 1993. Abdruck mit freundlicher Genehmigung des Dietrich zu Klampen Verlags, Lüneburg.

FRIEDRICH HEBBEL 1813 in Wesselburen geboren, 1863 in Wien gestorben.
Wenn die Rosen ewig blühten, S. 69. Aus: Friedrich Hebbel, Gedichte. Eine Auswahl. Mit einem Nachwort von U. Henry Gerlach. Verlag Philipp Reclam, Stuttgart 1977.

HEINRICH HEINE 1797 in Düsseldorf geboren, 1856 in Paris gestorben.
Ein Jüngling liebt ein Mädchen, S. 53; Leise zieht durch mein Gemüt, S. 59. Aus: Heinrich Heine, Sämtliche Gedichte in zeitlicher Folge. Hrsg. von Klaus Briegleb. Insel Verlag Frankfurt am Main und Leipzig 1997.

FRIEDRICH HÖLDERLIN 1770 in Lauffen am Neckar geboren, gestorben 1843 in Tübingen.
An die Parzen, S. 47. Aus: Friedrich Hölderlin, Gedichte. Hrsg. und mit Erläuterungen versehen von Jochen Schmidt. Insel Verlag Frankfurt am Main 1991.

MASCHA KALEKO 1907 in Chrzanow/Polen geboren, 1975 in Zürich gestorben.
Großstadtliebe, S. 113. Aus: Mascha Kaléko, Das lyrische Stenogrammheft. Copyright © 1956 Rowohlt Verlag GmbH, Reinbek.

GÜNTER KUNERT 1929 in Berlin geboren.
Frist, S. 123. Aus: Günter Kunert, Gedichte. Ausgewählt von Franz Josef Görtz. Verlag Philipp Reclam jun., Stuttgart 1987. Abdruck mit freundlicher Genehmigung von Günter Kunert.

THEODOR STORM 1817 in Husum/Schleswig geboren, gestorben 1888 in Hademarschen/Holstein.
Lied des Hafenmädchens, S. 63. Aus: Theodor Storm, Sämtliche Werke in vier Bänden. Band 1: Gedichte, Novellen. 1848-1867. Hrsg. von Dieter Lohmeier. Deutscher Klassiker Verlag Frankfurt am Main 1987.

KURT TUCHOLSKY 1890 in Berlin geboren, gestorben 1935 in Hindas bei Göteborg.
Danach, S. 91. Aus: Kurt Tucholsky, Gesammelte Werke. Copyright © 1960 Rowohlt Verlag GmbH, Reinbek.

WALTHER VON DER VOGELWEIDE um 1170 in Niederösterreich geboren, gestorben um 1230 bei Würzburg.
Under der linden, S. 25. Aus: Deutsche Lyrik des Mittelalters. Auswahl und Übersetzung von Max Wehrli. Manesse Verlag, Zürich, 6. Auflage 1984.

RICHARD WAGNER 1813 in Leipzig geboren, gestorben 1883 in Venedig.
Ein rundes, ein schönes Gedicht, S. 75. Aus: Richard Wagner, Die Meistersinger von Nürnberg. Handlung in drei Aufzügen. Hrsg. von Wilhelm Zentner. Verlag Philipp Reclam jun., Stuttgart 1988.